한두 단어로 **유창**해지는 **영어회화**

**한두** 단어로 **유창**해지는 **영어**회화

**초판 1쇄 인쇄** ┃ 2021년 06월 20일
**초판 1쇄 발행** ┃ 2021년 07월 10일

**지은이** ┃ 우지은·루크 전
**펴낸이** ┃ 김정동
**펴낸 곳** ┃ 서교출판사

**등록번호** ┃ 제 10-1534호
**등록일** ┃ 1991년 9월 12일
**주소** ┃ 서울시 마포구 성지길(합정동) 25-20 덕준빌딩 2F
**전화번호** ┃ 3142-1471(대)
**팩시밀리** ┃ 6499-1471
**이메일** ┃ seokyobook@gmail.com
**인스타그램·페이스북** ┃ @seokyobooks
**블로그** ┃ http://blog.naver.com/seokyobooks
**ISBN** ┃ 979-11-89729-23-3 03810

• 잘못된 책은 구입처에서 교환해 드립니다.
• 이 도서의 국립중앙도서관 출판예정도서목록(CIP)은 서지정보유통지원시스템 홈페이지(http://seoji.nl.go.kr)와
국가자료공동목록시스템(http://www.nl.go.kr/kolisnet)에서 이용하실 수 있습니다. (CIP제어번호: CIP2015027764)

# 한두 단어로
# 유창해지는
# 영어회화

우지은·루크 전 지음

One or two Word Expressions

**seokyo**
a publishing company

일상회화를 할 경우 영어나 우리말이나 마찬가지겠지만 의사소통이 될 수만 있다면 말은 짧게 할수록 좋다. 말에도 '경제성의 원칙'이란 것이 있다. 가능한 한 적은 단어를 사용하여 짧고 간결하게 자기 의사를 전달하는 것이 곧 '언어의 경제성'이다. 이 경제성의 원칙에 입각하여 만들어진 회화 교재가 바로 이 『한두 단어로 유창해지는 영어회화』이다.

대학까지 10년 이상 영어 공부를 하고 많은 어휘력을 가지고 있으면서도 막상 외국 사람을 만나면 주어, 동사 등 문법적으로 이것저것 따지다가 말 한마디 제대로 하지 못하고 의사소통이 되지 않아 벙어리 냉가슴 앓는 것이 우리나라 영어 교육(특히 회화)의 현실이다.

반면에 영어를 많이 배우지는 않았지만 외국인과 잦은 접촉을 하는 호텔, 이태원 상가나 면세점 등의 종업원들은 몇 개의 단어를 사용해도 쉽게 의사소통을 하는 것을 볼 수 있다. 그들의 손쉬운 communication(의사소통) 수단과 방법에서 우리는 유창한 회화, 쉬운 회화를 구사하는 비결을 배울 수 있다.

그들의 대화를 가만히 들어 보면 군더더기 단어나 표현이 없고 key word 만을 사용하여 간단명료하게 자신들의 의사를 전달하고 있다. How much?(얼마예요?), Expensive!(비싸군요!), Any others?(다른 것은 없나요?), Cash or charge?(현금으로 하시겠어요, 카드로 하시겠어요?) 등이다.

**한** 두 단어 회화의 위력은 이처럼 대단하다. 문어체 영어가 아닌 일상 회화에서 평소 그 대화의 핵심 단어(key word)를 적절히 구사하여 의사 전달을 가능케 하는 회화 연습이야말로 쉽고도 유창한 회화에 이르는 지름길(short cut)이다. 그러므로 평소 최소한의 단어를 이용하여 의사소통을 원활히 하는 연습을 꾸준히 하는 것이 가장 바람직한 영어회화 공부법이다.

**일** 상생활 대화에 있어 본인 의사 여부를 나타내는 긍정과 부정 표현의 중요성은 아무리 강조해도 지나침이 없다. 영어를 잘 모르는 노인이 해외 나들이를 나가 Yes, No, OK 세 단어로 손짓 발짓(body language)을 해 가면서 별 어려움 없이 여행을 하고 왔다는 이야기를 들은 적이 있는데, 아무튼 그만큼 의사 전달에 있어서 긍정과 부정의 표현이 중요하다는 방증이라고 할 수 있다.

**이** 책에서는 갖가지 상황에서 일어나는 다양한 긍정과 부정의 표현, 자신의 감정을 축약한 감탄사, 그리고 맞장구의 표현 등 대화를 원활하게 하는 한두 단어와 세 단어를 총망라하여 적재적소에서 쉽고도 간단하게 의사를 표현할 수 있도록 꾸며 보았다.

**이** 책 속에서 표현한 쉽고 짧은 표현들은 익히기 쉽다는 점에서 초 · 중급자에게 회화 학습상 경제적이고 효과적이다. 게다가 의사 전달에 있어 최대한 짧은 단어를 사용함으로써 고급자에게는 보다 세련되고 효과적인 communication 방법을 제시해 줄 것임을 확신한다.

**바** 쁘신 가운데도 영문 교정과 표제 단어 선정에 도움을 주신 미국인 선교사 Elder Wiseman, Elder Holje와 David 교수께 감사 드린다.

– 지은이

CHAPTER **01**
# 한 단어로 유창해지는 영어회화

## One Word Expressions

# CHAPTER **O2**
# 두 단어로 유창해지는 영어회화

# 세 단어로 유창해지는 영어회화

# 이 책을 공부하기 전에

## ① 한 단어, 두 단어 회화의 효용성

제아무리 영어 실력이 없는 사람이라도 쉽게 통할 수 있는 영어가 있다. 바로 한두 단어로 유창해지는 영어(One or two word expressions)이다. 말(language)이란 짧으면 짧을수록 잘 통하는 법이다. 이것은 언어 사용법에 있어 영원한 진리이다. 짧은 시일 내에 유창한 영어를 익히는 비법은 바로 이 평범한 진리 속에 있다.

외국어를 완벽하게 구사하기란 결코 쉬운 일이 아니다. 상당 기간 영어를 공부한 사람도 native speaker처럼 영어를 구사하는 것은 보통 수준의 어학 능력을 가진 사람에게는 불가능에 가까운 일이다. 그러므로 초급이나 중급 단계에서 회화에 유창해지는 비결은, 우선 단어 한두 개라도 적절하게 구사하여 의사소통을 시도해 보는 것이다.

쉽고 간단한 단어 한두 마디로 의사소통이 가능하다면 우선 회화에 대한 자신감을 가지게 된다. 이 자신감이야말로 영어를 좀 더 잘해 보려는 동기부여와 영어 공부에 불가결한 흥미를 유발해 주는 요소가 되므로, 이런 의미에서 볼 때 "one word" 또는 "two words"의 중요성은 아무리 강조해도 지나침이 없다.

One-word-English의 좋은 본보기를 찰리 채플린의 《살인광 시대》라는 영화 속에서 들어 보자. 채플린이 역을 맡고 있는 주인공이 살인을 거듭한 끝에 마침내 체포되어 사형이 집행되기 직전, 간수와 나누는 One-word-expression의 예를 보자.

간 수 : Here. (한잔 받게나.)

채플린 : What's that? (뭐예요?)

간 수 : Rum. (럼주네.)

채플린 : No, thanks. (생각 없소.)

간 수 : Cigarette? (담배 하겠나?)

채플린 : Thanks. (고맙소.)

위 대사는 한 단어로 훌륭하게 의사소통을 하고 있는 모습을 보여준다. 우리가 쉽고 간단한 회화를 효과적으로 못하는 이유는 회화를 할 때 이런 간단한 표현 방법을 사용하지 않고, 항상 full sentence를 작문하여 자기 의사를 복잡하게 표시하려는 영어 학습 방법의 폐단 때문이다.'

우리 생활에서 간단한 실례를 들어 보자. 레스토랑이나 비행기 기내에서 커피를 마시고 싶을 때 Coffee, please.라고 하면 훌륭한 영어가 된다. 택시를 타고 길게 이야기할 필요가 없다. Lotte hotel, please.라고 간단히 말하면 목적지까지 가는 데 아무 문제가 없다. 해외여행을 하다가 은행이나 환전상에서 돈을 바꾸고 싶을 경우에는 Change, please.라고 하면 환전이 된다. 이처럼 한 단어로도 훌륭하게 통한다는 것이다. Coffee, please.라고 하면 될 것도 교과서에서 배운 full sentence를 쓴 정중한(?) 영어 May I have some coffee, please?를 머릿속에서 작문하고 있는 동안 영어는 점점 어려워지고 입은 떨어지지 않게 되는 것이다.

바쁜 세상에 어디 주어, 동사를 따지고 있을 틈이 있겠는가? 머리 떼고 꼬리 치고 key word만으로도 위에서 본 것 같이 얼마든지 훌륭한 의사 전달이 가능한 것이다. 영어에 익숙하지 못한 초보자일수록 one word expression을 최대한 활용하는 방법을 익히는 것이 좋고, 또 중급, 고급 수준의 사람들이라도 더 경제적이고 효과적인 세련된 영어를 구사하기 위해서는 이 책에서 제시하고 있는 한두 단어로 유창해지는 회화를 꾸준히 익히는 것이 가장 바람직한 영어회화 학습 방법이다.

배가 아플 때는 배를 움켜쥐는 body language와 함께 Stomach-ahce!라고 하면 이보다 더 좋은 의사 표현 방법이 없다. 대화를 하다가 잠깐 자리를 비울 일이 생겼을 때 장황하게 설명할 필요없이 그냥 간단하게 One minute,(please).라고만 해도 훌륭한 영어가 된다.

그럼 생략법을 이용하여 한두 단어를 이용한 A와 B 사이의 대화를 보고, 일상 회화에서 불필요한 단어의 생략이 얼마나 가능한지를 보자, (  )안이 생략 가능한 부분이다.

---

A : (Which one would you like to have) Coffee or tea?

B : (I would like to have) Coffee.

A : (Do you like your coffee with) Sugar?

B : Yes. (I want sugar)

A : (Do you want) much (sugar)?

B : (I want just) a little.

---

A : 커피와 홍차 중에 어느 것을 하겠어?
B : 커피가 좋아.
A : 커피에다 설탕 타는 것을 좋아하니?
B : 그래, 설탕을 넣어 줘.
A : 설탕 많이 탈까?
B : 조금만 타 줘.

## ② 회화에서의 생략법

## ▌1. 주어와 동사는 생략해도 의미 전달에는 지장이 없다.

**회**화에 있어서 주어와 동사를 과감히 생략해도 의미 전달에는 별문제가 없다. 왜냐하면 중요한 information은 동사 뒤에 계속되는 명사와 형용사 등에서 파악될 수 있기 때문이다.

---
A : What floor (are you going to)?
---
B : Seven, please.
---

> A : 몇 층에 가세요?
> B : 7층 부탁합니다.


---
A : (Are you) Busy?
---
B : No, not very.
---

> A : 바쁘세요?
> B : 아뇨, 별로.


---
A : (Do you like your coffee) With sugar?
---
B : No. (I want) black, please.
---

> A : 설탕 넣어 드릴까요?
> B : 아뇨, 블랙으로 주세요.

## ■ 2. 무엇을 부탁할 때 원하는 것의 명사나 동사에 please를 붙인다.

레스토랑에서 메뉴 보기를 원할 때 Menu, please.라고 말하면 훌륭한 영어가 된다. 정중하게 말한다고 Would you bring the menu for us?라고 하면 오히려 번거롭다. 잠깐 기다려 달라고 말할 때 Would you mind waiting here just a moment?라고 장황하게 표현하는 것보다 Wait here, please.라고 하면 한층 세련된 영어로 보인다. 표현이 짧다고 서툴러 보이거나 불손한 것은 결코 아니다.

---

A : May I help you?

B : Sandwich, please.

> A : 뭘 드릴까요?
> B : 샌드위치 주세요.

---

A : Change, please.

B : How would you like to have?

A : All 10 dollars, please.

> A : 잔돈 부탁해요.
> B : 어떻게 드릴까요?
> A : 전부 10 달러짜리로 주세요.

---

A : Copy this report, please.

B : How many?

A : Three, please.

> A : 이 보고서 복사 좀 해주세요.
> B : 몇 장이나 필요하세요?
> A : 세 장 부탁합니다.

## 3. 급한 경우는 key word만 말해도 의사 전달이 가능하며 거기에 의문 부호만 붙이면 훌륭한 의문문이 된다.

**모** 처럼 친구가 찾아와 차를 한잔 권한다고 하자. Which one would you like to have, coffee or tea?라고 장황하게 말할 필요가 없다. Coffee or tea?라고 key word만 나열하면 족하고, 대답도 Coffee.(커피 주세요.) 한 단어로 충분한 의사 표시가 된다.

---

A : Airline? (Which airline do you want?)

---

B : Korean Airline.

---

> A : 어느 항공사로 가시기를 원하세요?
> B : 대한항공이요.

---

A : Reservation? (Do you have a reservation?)

---

B : Sure.

---

> A : 예약이 되어 있으세요?
> B : 그럼요.

---

A : Available? (Is it available now?)

---

B : Of course.

---

> A : 그것 지금 좀 쓸 수 있나요?
> B : 그럼요.

## 4. 한 단어라도 억양(intonation)에 따라 그 의미와 의도하는 바가 달라지며 몸짓(body language and gesture)이나 얼굴 표정(facial expression)도 의사 전달에 큰 역할을 한다.

**인**간은 동물에게는 없는 body language와 facial expression을 갖고 있으며, 이것들은 언어로서 충분히 표현하지 못하는 자기감정을 나타내는 데 상당히 유용한 의사 전달의 보조 수단이다. 특히 우리와는 달리 서양 문화권에서는 이러한 것들이 다양하게 발달되어 있다. 어떤 상황에서는 body language가 영어 자체보다 더 효과적이고 유용한 의사 전달 수단이 되기도 한다. Sleepy란 형용사 하나로 표현되는 여러가지 상황을 예로 들어 보자.

----

A : Sleepy. (I'm sleepy.)

B : Sleepy? (Are you saying you're sleepy?)

> A : 아이, 졸려.
> B : 졸립다고 이야기했어?

----

A : Sleepy! (You slept over more than 10 hours last night. Then you are sleepy again?)

B : Sleepy. (Fact is fact. I'm sleepy.)

> A : 또 졸려! (지난밤에 10시간 이상을 자고서도 또 졸립다구?)
> B : 졸리는 걸 어떻게 해. (사실은 사실이야. 생리적으로 잠이 오는 걸 어떻게 해.)

위의 예문에서 sleepy의 억양은 각기 다르다. 첫 번째 sleepy는 좀 늘어지는 억양이며, 두 번째는 의문문이므로 마지막의 억양이 올라가는 rising intonation이된다. 세 번째는 감탄문이 되고, 마지막은 미국인 특유의 제스처인 shrug, 즉 양

팔을 옆으로 벌리고 어깨를 추켜올리면서 상대방에게 항의 조의 억양으로 발음해야 한다.

## 5. No나 not을 사용하여 부정이나 거절의 의미를 나타낸다.

문장 앞에 no나 not을 사용하여 부정의 견해나 강력한 거절의 뜻을 나타내는 생략법이 일상회화에서 자주 쓰이고 있다 No kidding!은 You are not kidding, are you?가 줄어서 된 표현으로 "농담하는 것은 아니겠죠? 그렇죠?"라는 강한 부정의 요구가 된다.

경우에 따라서는 강조의 의미가 되는데, No doubt.는 '의심의 여지가 없는'이란 강조의 뜻이 내포되고, No lie?라고 하면 You are not lying, are you?(너, 거짓말하는 것은 아니겠지, 그렇지?)라는 강조의 의미가 된다.

---
A : No fair! You cheated.
---
B : I didn't.
---

A : 공평하지 못해! 네가 속였어.
B : 난 속이지 않았어.


---
A : A plane just landed on the highway outside of town.
---
B : No lie?
---

A : 방금 마을 밖 고속도로에 비행기가 불시착했어.
B : (정말?) 거짓말하는 건 아니겠지?

---

A : I'm sorry I'm late.

B : No problem.

---

> A : 늦어서 미안해.
> B : 괜찮아.

Not을 사용하여 부정이나 거절을 나타내는 경우도 많다. 예를 들어 Not again!
은 I cannot believe that it'll happen again!(제발 다시는 그러지 않았으면 좋겠
어!)이라는 뜻이고, Not a chance!는 There is no chance at all that something
will happen.(다시는 그런 일이 일어날 가능성이 전혀 없어요.)이라는 말이 줄어
서 된 표현이다.

---

A : The sink is leaking again.

B : Not again!

---

> A : 싱크대가 또 새요.
> B : 또 샌다고? 다시는 그러지 않았으면 좋겠는데.

---

A : Do you still want some more coffee?

B : Not anymore.

---

> A : 아직 커피를 더 원하세요?
> B : 아냐, 이제 됐어.

---

A : Do you think our team will win today?

B : Not a chance!

---

> A : 우리 팀이 오늘 경기에서 이길 수 있을까?
> B : 그럴 가능성은 전혀 없을 것 같아.

## 6. 감탄사를 적절히 구사하면 훌륭한 communication이 된다.

영어는 일상회화에서 자주 감탄사를 사용한다. 앞에서도 이야기한 바와 같이 서양 사람들이 동양 사람들보다 감정의 표현이 더 적극적이고 다양하기 때문이다. 대개의 감탄사(interjection)는 말하는 사람의 감정과 의도를 함축적으로 나타내는 특성이 있다. 감탄사를 쓸 경우 적절한 제스처나 body language를 함께 사용한다면 의사 전달이 훨씬 분명해진다.

Hus : I'm home, honey.

Wife : Shh! (The baby's asleep.)

남편 : 여보, 나 왔어.
아내 : 쉿! (애가 막 잠들었어요.)

* 위 대화의 경우는 입술에다 손가락을 갖다 대면서 자고 있는 아이를 가리키는 body language를 사용하면 의사 전달이 한결 더 쉬워진다.

A : Ow! / Ouch!

B : Are you all right?

A : 아얏! / 아이쿠!
B : 괜찮으세요?

* Ow!는 갑작스런 통증이나 놀라움을 나타내는 감탄사이고 Ouch!는 의성어로서 신체적 또는 정신적 고통을 나타내는 감탄사이다.

A : I got a 30 percent raise.

B : Wow!

A : 나 30퍼센트 봉급 인상을 받았어.
B : 와! 정말?

* Wow!는 놀람, 경탄, 칭찬 등을 나타내는 감탄사로 우리말로 하자면 '야!,와!' 등과 같은 의미이다.

## 7. 적절한 body language(몸짓)를 구사한다.

의사소통의 수단에는 두 가지 방식이 있다. 하나는 언어이고, 또 하나는 표정을 포함하는 비언어적 표현인 몸짓이다. 적절한 body language(몸짓)는 의미 전달과 의사소통에 있어 상승효과를 가져다 준다. 동작학(Kinesics, body language)을 연구하는 학자들은 의사 전달의 절반은 body language를 통해 이루어진다고 한다. 그 만큼 대화가 안 될 때는 body language만 해도 상대방은 그 의도를 알아차릴 수 있다. 어떻게 보면 body language야말로 만국 공통어인 셈이다. 그러나 어떤 몸짓은 그 지역과 문화에 따라 특수한 의미를 가진다.

예컨대 입에다 손가락을 갖다 대는 body language는 "조용히 하라"는 의미로, 어느 나라에서나 통한다. 그러나 어떤 body language는 동서양, 국가의 문화에 따라 특별한 의미를 갖는다. 특히 영어권인 서양에서는 body language인 gesture를 훨씬 더 다양하게 사용한다.

그 대표적으로 자주 사용되는 것이 어깨를 으쓱하거나 움츠리는 shrug의 gesture이다. Shrug one's shoulders는 무엇을 잘 모르거나, 관심이 없을 때, 자기와 상관없는 일에 대한 반응을 보일 때 흔히 사용하는 body language이다.
또 영어권에서 자주 사용되는 것이 십자가를 긋는 cross oneself이다. 어떤 것을 기원하거나, 서원을 할 때, 명복을 빌 때 등에 쓰이는 몸짓이다.

두 손가락을 교차시키면서 행운을 비는 몸짓(cross one's finger/keep one's finger crossed)도 서구인들이 자주 사용하는 body language의 일종이다.

한두 단어의 짧은 회화와 함께 적절한 body language의 구사는 원활한 의사소통과 보다 유창한 회화를 위해서는 필수불가결한 요소라고 할 수 있다.

한 단어로 유창해지는

**영어**회화

One Word Expressions

One word expressions

1

# 긍정과 동의의
# **한** 단어 표현

Fine
Absolutely
Definitely, Certainly
Almost
Partially
Positive
Affirmative
Gotcha!
Probably
Possibly
Hopefully
Naturally
Deal
Okay
Whatever
Ditto!

# 1 Fine. 좋습니다, 괜찮아요.

[fain]

That's fine.이나 It's fine.을 줄인 말이다. 상대의 의견에 찬성하거나 어떤 권유를 받아 "좋아요, 괜찮아요"라고 대답하는 경우에만 사용하는 단어이다.

이 Fine.은 OK라는 긍정의 단어보다 그 사용 범위가 넓어 일상회화에서뿐만 아니라, 회의, 인터뷰 등의 공식적인 자리에서도 사용이 가능하다. 초면인 사람에게 공식 석상에서 OK라고 하면 너무 가볍게 보일 뿐만 아니라 결례가 될 수도 있으므로, 이때에는 Fine.을 쓰는 것이 좋다.

**Dialog 1**

A : How's your wife doing these days?

B : Fine.

A : 부인께서 요즘 어떠신가?
B : 좋아요.

**Dialog 2**

Customer : I'll take this red hat.

Salesman : An excellent choice, sir.

Customer : Can I pay by credit card?

Salesman : (It's) Fine.

고객 : 이 빨간색 모자를 주세요.
점원 : 잘 선택하셨습니다.
고객 : 신용카드를 쓸 수 있나요?
점원 : 좋습니다.

# 2 Absolutely.

그렇고 말고요, 그럼요.

[æbsəlúːtli]

Absolutely.는 강력한 강조 표현의 하나로, 지나친 감정이 내포되어 있기 때문에 자주 사용하는 것은 피하는 것이 좋다. 공식적인 자리에서 이 absolutely를 자주 사용하면 감정에 치우친 인상을 주거나 과장된 느낌을 주기 쉬우므로 상황에 맞도록 적절하게 써야 한다.

우리말의 "맞아, 그래요, 정말 그래요"와 같이 강력한 느낌을 전달하고 싶을 때에는 yes만으로는 뭔가 부족한 느낌을 갖게 된다. 이런 경우에 Yes, yes.를 반복하게 되면 상대방에게 비굴한 인상마저 줄 가능성이 있으므로 이때에는 각 음절을 확실히 구분하여 천천히 Ab-so-lute-ly.라고 말하면 "누가 뭐래도 절대!"라는 확실한 긍정의 의사가 전달된다.

유사한 표현에는 Certainly., Definitely.가 있는데 Definitely.가 Certainly.보다 더 단호한 느낌을 준다. Absolutely.는 이 가운데 가장 강력한 긍정 표현이다.

Dialog 1
A : Did you get promoted?
B : Absolutely.

A : 너 승진했다며?
B : 응, 그래.

Dialog 2
A : Do you really love her?
B : Absolutely.

A : 그 여자 정말 사랑하니?
B : 그럼요.

# 3 ▪ Definitely. Certainly.

[défənitli] [sə́ːrtnli]

그럼요, 물론이죠.

Definitely.는 단호하고도 확실하게 상대방의 제안에 동의하는 한 단어 표현이다. Definite란 형용사에서 파생된 단어로 '명확한, 의심의 여지가 없는 clear without doubt' 이라는 뜻을 가지고 있다.

Certainly.도 같은 의미로 사용되나 상대방의 부탁에 대해 정중하고 확실하게 긍정할 때 사용하며, Definitely not.이나 Certainly not.이 있다.

A : Are you going with us to the beach?

B : Definitely.

A : 우리 함께 해변으로 갈까요?
B : 그럼요, 같이 가시죠.

A : Have you ever stolen anything from here?

B : Definitely not.

A : 여기서 뭐 가져간 것 없니?
B : 말도 안 되는 소리 하지도 마.

A : May I ask you a question concerning your privacy?

B : Certainly.

A : 당신의 사생활에 대한 질문을 해도 괜찮을까요?
B : 그럼요.

# 4 Almost. 대부분, 거의 그래요.

[ɔ́ːlmoust]

**상**대방의 질문에 대해 대부분을 긍정할 때 쓰는 단어로 '거의, 대부분nearly but not quite'이라는 뜻이다. 예를 들어 Almost everybody agreed on that plan.은 "거의 모든 사람이 그 계획에 찬동했다"라는 뜻이며, Almost.는 사람에 대해 말할 때는 '절대 다수의 사물'이나 사실에 대한 것일 때는 '거의 대부분'이란 뜻을 갖는다. 이와 유사한 표현으로 That's close.나 It's close.가 있다.

---

A : Have you finished your assignment?

B : Almost.

    A : 네 과제는 마쳤니?
    B : 거의 대부분.

A : Did I say it correctly?

B : Almost.

    A : 내가 말한 것 맞았어?
    B : 거의 맞았어.

# 5 Partially.

부분적으로는 그래요.

[páːrʃəli]

**상**대방의 말에 부분적으로 긍정할 때 쓰는 표현으로, That's part of it.(일부분에 불과한 거예요.)과 같은 뜻으로 쓰인다. 완전히 그렇지가 않고 부분적으로 그렇다는 뜻이다.

Partly와도 같은 의미로 사용되고 있으나 이 Partially.에는 '부분적'이라는 의미 외에도 '편파적, 불공평unfair'이라는 뜻이 담겨져 있다. 이와 반대로 '대부분 동의한다'는 한 단어 표현은 Almost.이다.

---

**Dialog 1**

A : Is that what you are saying?

B : Partially.

A : 그것이 당신이 의도하는 바입니까?
B : 부분적으로는 그렇습니다.

**Dialog 2**

A : Do you agree with him on that plan?

B : Partially.

A : 그 계획에 대하여 그 사람에게 동의하세요?
B : 부분적으로는요.

# 6 Positive.

 그렇고 말고요.

[pázətiv]

'**확**실한, 긍정적인, 의문의 여지가 없는definite, sure, leave no room for doubt'의 뜻으로, 상대방의 질문에 전적으로 동의하는 yes 표현의 하나이다. 상대방의 불신과 불안을 완전히 제거해 주는 긍정 표현으로서 sure나 affirmative보다도 긍정의 정도가 훨씬 더 강하다.

Affirmative.가 주로 공식적인 장소에서 사용되는 데 반해 Positive.는 공식적·비공식적인 곳에 다 같이 쓰인다. 상대방이 Are you sure? Are you positive? Are you certain?이라고 묻는 경우에 가장 강력한 동의나 긍정을 하고 싶으면 이 Positive.라는 표현을 사용한다.

---

**Dialog 1**

A : Do you want to marry her?
B : Yes, I do.
A : Are you certain?
B : Positive.

> A : 그 여자와 결혼을 원하니?
> B : 응.
> A : 확실해?
> B : 그렇고말고.

**Dialog 2**

A : Let's keep in touch. I will write you every other week.
B : Are you sure?
A : Positive.

> A : 우리 계속 연락하자. 2주일에 한 번씩은 연락할게.
> B : 정말?
> A : 정말이고말고.

# 7 Affirmative.

알겠습니다.

[əfə́ːrmətiv]

Affirm(단언하다, 확언하다, 긍정하다)의 동사형에서 파생된 단어로 영어에 있어서 여러 가지 긍정 표현 중의 하나이며, 상대의 질문에 대해 긍정의 확인 또는 그 내용을 확실히 할 때 사용한다.

이 한 단어는 Yes.의 공식적인official 표현으로 애초에는 경찰이나 군대에서 무선으로 주고받을 때 사용되다가 요즘 와서는 기계, 기술 업종에 종사하는 엔지니어, 파일럿, 원자력 발전소 종사자까지 광범위하게 쓰는 확실한 긍정의 표현이다. 직장에서 윗사람에게 자주 사용하는 단어이며, 반대 표현은 Negative.이다.

---

**Dialog 1**

A : Do you understand my instruction?

B : Affirmative, sir.

> A : 내 지시를 알아듣겠어?
> B : (상사에게) 네, 알았습니다.

---

**Dialog 2**

A : Don't be late. You should arrive here at 7 o' clock sharp.

B : Affirmative, sir.

> A : 늦으면 안 돼. 7시 정각까지 여기에 도착해야 해.
> B : 알겠습니다.

# 8 Gotcha! 알았어, 거짓말하지 마.

[gátʃə]

Gotcha!는 구어체 영어에서 흔히 쓰이고 있는 말로 I got you.가 줄어서 된 표현이다. I를 빼고 Got you.라는 말로 된 것이 연음되어 발음되다가 그대로 표기되어 Gotcha!라는 단어로 쓰이게 된 것이다. 여기에서 get는 understand(이해하다)나 learn(알다)의 뜻이다.

이 Gotcha!는 대개 두 가지 의미로 사용된다. 첫 번째는 문자 그대로 I got you. 즉 '상대방이 하는 말을 알아들었다'라는 뜻이다. 두 번째는 상대방이 거짓말(이 경우는 대개 선의의 사소한 거짓말인, white lie)을 했을 경우 '그것을 알아차렸다'라는 뜻이다.

**A :** I want this done now! Understand?
**B :** Gotcha!

A : 이 일을 지금 당장 하도록 해라! 알겠나?
B : 알겠습니다.

**A :** My flight was nearly 6 hours late. Sorry for being late.
**B :** Gotcha! I just heard you told Mary it was 3 hours late.

A : 비행기가 6시간이나 연착했어. 늦어서 미안해.
B : 다 알고 있다고. 메리한테는 3시간 늦었다고 했다면서.

# 9 Probably. 아마도 그럴 겁니다.

[prábəbli]

Probably.는 '추측'의 의미를 나타내는 단어인데, 그 추측의 가능성이 상당히 높아서 굳이 확률로 따지자면 80% 정도 yes에 가까운 긍정의 표현이다. 긍정 의미를 보다 강조하기 위해서는 most를 앞에 붙여 Most probably.라고 한다. 똑같이 '아마'라는 뜻의 단어라도 그 가능성이 아주 높을 때에는 Probably.나 Likely.를 쓰며, 가능성이나 확실성이 그다지 없을 때는 Maybe.나 Perhaps.를 쓴다.(약 40% 미만의 가능성)

**Dialog 1**

A : Will they hire you?
B : Probably.

A : 그 사람들 널 채용할까?
B : 아마 그럴 거예요.

**Dialog 2**

A : I'll be free around five. Can I meet you then?
B : Probably, but I have to check my schedule first.
A : Fine. Call me back if you can.
B : Okay, I will.

A : 5시경에 시간이 날 겁니다. 그때 만나 뵐 수 있을까요?
B : 그럴 것 같아요. 그러나 먼저 제 스케줄을 확인해 봐야겠어요.
A : 좋습니다. 가능하면 연락 주세요.
B : 그렇게 하죠.

# 10 Possibly.

그럴지도 몰라.

[pásəbli]

**가**능성을 말하고 있는 단어이지만, 의심의 뉘앙스 또한 가지고 있다. 확률로 따지자면 50% 정도 yes에 가까운 표현이다. Possible이라는 단어에서 파생되었으므로 '가능성이 있다'는 뜻으로 생각하기 쉬우나 오히려 그 반대의 '가능성이 없는'의 뜻도 지닌다. Perhaps., Maybe. 등과 유사한 표현이다. 그러나 이 중에도 possibly 쪽의 가능성이 더 높다고 볼 수 있다. 대화의 내용에 따라 의미가 달라질 수 있다.

---

Dialog 1

A : Could he be the thief?

B : Possibly.

A : 그 사람이 도둑(범인) 이라고 생각하니?
B : 그럴지도 몰라.

---

Dialog 2

A : Can you join our team?

B : Possibly, but I'm not sure.

A : 우리 팀에 합류할 수 있겠나?
B : 그럴 수도 있을 것 같지만 장담은 못하겠네.

# 77 Hopefully.

[hóupfəli]

주위의 여러 가지 상황 때문에 확정적으로 yes를 할 수 없는 형편이지만 "상대방이 제안하는 대로 그렇게 되었으면 좋겠어"라는 의미의 표현이다. 자기의 주관이 다소 배제된 긍정 표현이다.

Hopefully.를 다른 말로 표현하자면 I hope.나 Preferably.라는 표현도 유사한 상황에서 사용된다. 조건부 승낙의 뜻을 가진 단어로 여건이 허락된다면 하겠다는 긍정적인 표현이다.

**Dialog 1**

A : Can you play with us tomorrow?

B : Hopefully.

A : 너, 내일 우리와 함께 운동할 수 있니?
B : 그러길 바라지만….

**Dialog 2**

A : Do you think you can go fishing this Sunday?

B : Hopefully, but I have to ask Mom. We usually go to church on Sunday morning, you know.

A : 오는 일요일에 낚시하러 가는 게 어때?
B : 그러고 싶긴 하지만 엄마한테 물어 봐야 해. 보통 일요일 아침엔 교회를 가거든.

# 12 Naturally.

물론, 당연히.

[nǽtʃərəli]

Naturally.는 '물론, 당연히of course, as expected'의 뜻이다. 이 표현은 Of course.와 같은 상황에서 사용되지만 화자의 태도에 따라 건방지게 느껴질 수도 있으므로 주변 상황을 보아가며 사용해야 한다.

Naturally.의 본뜻은 '태어나면서부터, 자연히, 본래by nature'이다. 그러니까 She's naturally musical.이라고 표현하면 "그 여자는 선천적으로 음악에 소질이 있다"라는 뜻이 된다.

---

**Dialog 1**

A : Will you answer his letter?
B : Naturally.

A : 너는 그 사람 편지에 답할 거니?
B : 물론.

**Dialog 2**

A : Were you invited to that party?
B : Naturally.

A : 너, 그 파티에 초대받았니?
B : 당연하지.

# 13 Deal. 좋아요.

[di:l]

어떤 일을 협상하거나 거래할 때 쓰는 단어이다. 대화상에서 Deal.은 어떤 일에 대하여 타협을 할 때나 참가 등의 권유를 받았을 때 "좋습니다"라는 승낙의 의미로 사용되고 있다. 반대로 협상이나 제의 등을 거절하고자 할 때는 No deal.을 쓴다.

That's a deal.이나 It's a deal.이라고 해도 "좋아요, 계약합시다!"라는 말이 되어 Deal.과 같은 의미로 사용된다.

---

**Dialog 1**

A : I'll do this if you do that. Deal?

B : Deal.

　A : 당신이 저것을 한다면 제가 이것을 하죠. 좋습니까?
　B : 좋아요.

---

**Dialog 2**

A : Will you do this?

B : No deal.

　A : 이것을 하겠니?
　B : 아니.

---

# 14 Okay. 좋아, 그래.

[óukéi]

이 Okay.는 O.K.나 OK.로도 표기할 수 있다. 한국에서 자주 쓰이는 Okay.는 Yes.와 같은 뜻이나, 이 밖에도 All right.과 같은 의미로, 맞장구를 칠 때 자주 사용되는 표현이다. 또한 이 말은 남성이나 여성, 윗사람에게도 공식적인 회의 등이 아니라면 언제든지 쓸 수 있는 가장 일반적인 긍정의 표현이다.

상황에 따라 '좋아All right, 알았어Agreed, 틀림없어Correct' 등 여러 가지 의미로 다양하게 쓰인다. 비슷한 의미로 구어체 영어에서는 Okey-doke(y)가 자주 쓰이는데, 이것은 친구나 연인들 사이에 사용되는 부드러운 승낙의 표현이다.

That's Okay.라고 하면 상대방이 사과하는 말에 대해 "그럼 됐어, 이제 걱정 마"라는 뜻이다.

---

Dialog 1

A : Can I use your car?

B : **Okay.**

A : 네 차 좀 쓸 수 있을까?
B : 그래.

---

Dialog 2

A : Shall we go to the States this coming winter holiday?

B : **OK.**

A : 오는 겨울 방학 때 미국에 가는 게 어때?
B : 좋지.

# 15 Whatever.

무엇이든 좋습니다.

[hwatévəːr]

**상**대방이 어떤 것에 대한 선택이나 의향을 물어 왔을 때 어떻게 하든 상관없다고 상대방에게 선택을 일임하는 표현이다Anything, it doesn't matter, Either one. Whatever의 본래 뜻은 '…은 무엇이든지'로서, Do whatever you like.라고 하면 '무엇이든 좋아하는 것을 해라'라는 말이 된다. 그러나 일상적으로 구어체 영어에서는 Whatever. 한 단어로 상대방의 물음에 대해 '무엇이든 좋다'라는 의미로 쓴다. What-so-ever는 whatever의 강조형으로 쓰인다.

또 Whatever가 부정·의문문에서 명사·대명사의 뒤에 사용되어, '약간의…, 하등의, …도at all'의 의미를 갖는 다음의 용법도 있다. There is no doubt whatever.(아무런 의심도 없다.) Is there any chance whatever?(조금이라도 가능성이 있습니까?)

---

Dialog 1

A : Which do you want, red or green?

B : Whatever.

A : 빨강색과 초록색 중 어떤 것이 좋아요?
B : 아무거나 좋아요.

---

Dialog 2

A : Do you want to go with me to the seashore or stay here?

B : Whatever.

A : 저와 해변을 가시겠어요, 여기에 머물겠어요?
B : 어느 쪽이든 상관없습니다.

---

❶ 긍정과 동의의 한 단어 표현   | 42 | 43 |

# 16 Ditto! 저도 마찬가지예요.

[dítou]

한때 선풍적인 인기를 모았던 《사랑과 영혼(Ghost)》이란 영화를 대부분의 영화 팬들은 기억하고 있으리라 생각된다. 마지막 장면, 여자 주인공 역을 맡았던 데미 무어가 심령술사인 우피 골드버그의 도움을 받아 영혼의 모습으로 나타난 애인, 패트릭 스웨이지와 나눈 이 대사는 팬들의 가슴을 뭉클하게 했다.

스웨이지의 '저 세상 가서까지도 영원히 사랑하겠다'는 애절한 사랑의 호소에 데미 무어가 Ditto!(나도 역시 당신을 그렇게 사랑할 거예요.)라고 대답하는 장면이다. 여기서 쓰인 Ditto!는 Me, too.나 So do I.와 같은 뜻이지만 이들보다는 한결 더 함축적이고 의미있는 뉘앙스를 가진 표현이다. 젊은 연인들 사이나 친한 친구 사이에서 사용할 수 있는 말로 긍정과 동의의 한 단어 표현이다.

---

Dialog 1

A : I've always loved you. And I will love you forever.

B : Ditto!

> A : 나는 항상 당신을 사랑해 왔고, 그리고 영원히 사랑할 거야.
> B : 저도요.

Dialog 2

A : Honey, you are my destiny. I cannot live without you.

B : Ditto!

> A : 여보, 당신은 내 운명과도 같아. 당신 없이는 한시도 못 살 것 같아.
> B : 저도 마찬가지예요.

2

# 부정과 유보의
# **한** 단어 표현

Depends
Maybe
Uh-uh
Perhaps
Impossible
Never
So-so
Negative
Hardly
Terrible!
So?
Nothing
Wrong

a b c d e f g h i j k l m n
o p q r s t u v w x y z

a b c d e f g h i j k l m n
o p q r s t u v w x y z

a b c d e f g h i j
k l m n o p q r s t
u v w x y z

# Depends.

경우에 따라서요, 글쎄요.

[dipéndz]

상황에 따라 한마디로 긍정도 부정도 할 수 없는 경우가 있다. 이럴 때 Yes and no.(한마디로 이야기할 수 없군요.)라는 표현을 자주 쓴다. 이것을 더 간단히 표현할 때에는 Depends.를 사용하면 된다.

Yes and no.라는 표현은 어떤 사물에 있어 긍정과 부정의 양면이 있음을 나타내는 데 비해 Depends.는 '상황과 경우에 따라 다르다'고 하는 애매모호한 느낌을 준다. 예를 들어 영화를 보러 가겠느냐는 권유를 받았을 때 '경우에 따라 갈 수 있다(영화가 좋다면)'라고 이야기하려면 Depends.를 쓰는 것이 적당하다.

---

**Dialog 1**

A : Do you agree with him on this matter?

B : Depends.

> A : 이 문제에 대해 그 사람 의견에 동의하세요?
> B : 경우에 따라서요.

---

**Dialog 2**

A : There is a terrific concert tonight. Will you go with me?

B : Depends. Whose concert is that?

A : Lee Seung-chul's.

B : OK. I will.

> A : 오늘 밤 굉장한 콘서트가 있는데 같이 갈래?
> B : 글쎄, 누구 콘서트인데?
> A : 이승철 콘서트야.
> B : 좋아. 가자고.

# 2 Maybe. 아마도

[méibi]

Maybe.는 Could be.와 그 뉘앙스가 비슷해서 함께 쓸 수 있는 표현이다. 둘 다 그 사용 범위가 넓으며, 확정적으로 yes나 no를 말하기 어려운 경우에 쓰면 좋다. "어떻게 보면 그럴지도 모르지"라는 약간은 무책임한 뜻도 담고 있다. Maybe, or maybe not.(그럴 수도 있고 그렇지 않을 수도 있어.)이라는 표현이 있는데, 이것은 상대방에게 책임을 전가하는 말이다.

비슷한 단어로는 Probably., Perhaps., Possibly.등이 있으나 확실성이 없는 경우에 사용되며 굳이 확률로 따지자면 40% 이하의 다소 부정적인 느낌을 가지고 있다. 그러나 Probably.는 80% 이상의 가능성이 높은 경우에 쓰이는 긍정의 한 단어 표현이다.

Dialog 1
A : Does he like her?
B : **Maybe.**

A : 그가 그녀를 좋아할까?
B : 그럴지도 모르지(부정적인 의미가 강함).

Dialog 2
A : Will you take me to lunch?
B : **Maybe**, maybe not.

A : 점심 좀 사 주시겠어요?
B : 글쎄, 좀 생각해 보고(내키지 않는 부정적인 대답).

# 3 Uh-uh.

음, 그렇지 않아.

[ʌ́ŋʌ́ŋ]

'음, 그렇지 않아'라고 약하고 부드럽게 상대방을 꾸짖는 듯한 느낌을 주는 부정의 한 단어 표현이다. 똑같은 말을 두 번 연속하여 앞쪽 음절은 높게, 두 번째는 낮게 발음한다. 이 표현은 공식적인 대화에서는 쓰지 않는 것이 좋고, 격식을 차리지 않은 일상대화에서 사용하면 No.라고 대답하는 것보다 부정의 의미가 부드럽게 전달되기 때문에 부정을 하더라도 상대방의 기분을 덜 상하게 하는 효과가 있다.

이 표현은 단순한 부정의 의미뿐만 아니라 상대방의 부정 표현에 동의하는 경우에도 쓴다. 예를 들어 Trump will not be re-elected.(트럼프가 재선될 것 같지 않아.)라는 말에 Uh-uh.라고 대답한다면 "그래, 나도 그렇게 생각해"라는 동조의 표현이 된다.

---

**Dialog 1**

A : Mmm. That lemonade looks good.
B : It's only a quarter. Want some?
A : I only have a nickle. Can I have a glass for a nickle?
B : **Uh-uh.**

> A : 음. 저 레모네이드 맛있어 보이는데?
> B : 겨우 25센트밖에 안 해요. 드실래요?
> A : 난 5센트밖에 없어요. 5센트로 한 잔 주지 않을래요?
> B : 안 돼요.

# 4 Perhaps.   아마, 어쩌면, 혹시.

[pərhǽps]

Perhaps.는 가능성은 있지만 확실성이 없음을 나타낸다. Maybe.도 Could be.도 같은 의미로 사용되나 Perhaps.가 보다 격식을 차린 표현이다. 이 표현은 둘 다 가능성이 50% 이하일 경우에 쓴다.

예를 들어 대학의 철학 시간에 한 학생이 "교수님, 물질문명의 발달과 도덕성의 타락이 상관관계가 있는지요?"라고 노교수에게 질문했을 때 노교수가 잠시 생각한 뒤에 천천히 Perhaps.(그럴지도 모르지.)라고 위엄 있게 대답하는 경우에 어울리는 단어이다. 이때 Maybe.를 쓴다면 좀 권위가 없어 보인다.

Perhaps.는 물론 학자가 아닌 사람도 쓸 수 있지만 다소 딱딱한 느낌을 주기 때문에 일반적인 경우라면 Maybe.나 Could be.를 사용하는 것이 좋다.

---

Dialog 1

A : Do you think North Korea will soon collapse?

B : Perhaps.

> A : 북한이 곧 붕괴될 거라고 생각하십니까?
> B : 아마도 그럴 가능성은 있겠지요.

---

Dialog 2

Student : Do you think someday they'll forbid smoking in all public places?

Professor : Perhaps.

> 학생 : 언젠간 모든 공공장소에서 금연하게 할 거라고 생각하세요?
> 교수 : 어쩌면 그럴지도 모르지.

# 5 Impossible.

불가능해요. 무리예요.

[impásəbəl]

It is impossible. 또는 That is impossible.이 줄어서 된 말이다. 어떤 일이 불가능하거나 무리할 경우 강한 부정의 의미로 사용되는 한 단어 표현이 Impossible.이다.

Impossible.은 다소 격식을 차린 표현이고, 스스럼없는 사이에서는 Can't be done., No way.도 같은 의미로 쓰인다. No way.는 상황에 따라 자기 자신에게나 상대방에게도 쓸 수 있다. 상대방에게 쓸 때는 강한 '금지prohibition'의 뜻으로 "그렇게 하면 안 돼요"라는 의미가 된다.

---

**Dialog 1**

A : Can you do it by Saturday?

B : Impossible.

> A : 토요일까지 그것을 할 수 있나요?
> B : 불가능합니다.

---

**Dialog 2**

A : Please, stay away from sweets.

B : No way.

> A : 제발, 단것 좀 멀리해.
> B : 그러기는 정말 힘들어요.

# 6  Never.

절대 안 돼. 설마.

[névəːr]

'**절**대로 그런 것은 아니다'라는 의미의 상당히 강한 부정 표현이다. "Don't ever say never.(never란 말은 가급적 사용하지 말라.)"라는 속담이 있을 만큼 Never.는 대단히 강한 부정의 표현이다. 따라서 단정적으로 부정해야 할 상황이 아닌 경우에는 가급적 피하는 것이 좋다. 격의 없고 가까운 사이가 아니면 사용에 주의를 요하는 표현이다.

Never.는 가장 강력한 부정의 표현으로 'No way.'보다 더 강한 부정의 한 단어 표현이다. 공식 석상에서 쓰면 감정적으로 흥분해 있다는 인상을 주기 쉽다. 그러므로 단호한 부정의 경우가 아니면 피하는 것이 좋다.

 A : Did you ever drink and drive?

B : **Never.**

A : 술 마시고 운전해본 적 있어요?
B : 아뇨, 절대 없었어요.

 A : Did you ever thought about divorcing your husband?

B : **Never.**

A : 남편과 이혼할 생각을 해본 적이 있습니까?
B : 아뇨, 절대 없었어요.

# 7 So-so.

그저 그래.

[sóusòu]

'좋지도 않고 나쁘지도 않은'이란 의미이지만 엄격하게 말하자면 '오히려 나쁜rather poor'이란 뜻에 가까운 단어이다. 오랜만에 만난 친구가 How are you feeling today?라고 물었을 때 So-so.라고 답했다면 '그저 그렇다'는 의미로, '별 볼 일 없다'는 뜻이다. 따라서 부정적인 의미를 포함하므로, 차라리 As usual. (그냥 평소와 같아.)이라고 하면 긍정도 부정도 아닌 대답이 된다.

또한 so-and-so란 표현이 있는데, 이것은 '그렇고 그렇다'라는 뜻의 아주 부정적인 의미가 되는 것임에 유의해야 한다. He is a so-and-so.라고 말하면 "그 사람 그렇고 그런 사람이야"라는 뜻이 된다.

**Dialog 1**
A : How are you getting along with your new boss?
B : So-so.

A : 새로 부임한 상사와의 관계는 어떤가?
B : 그저 그래.

**Dialog 2**
A : Long time no see! How are things with you these days?
B : So-so. How about you?
A : Couldn't be better.

A : 오랜만일세. 요즘 어떤가?
B : 그저 그래. 자네는?
A : 아주 좋아.

# 8 Negative.

그렇지 못합니다.

[négətiv]

**원**래 이 단어는 무선이나 방송 용어에서 부정하는 회답을 명확히 하기 위해서 쓰인 말이었으나 요즘에는 부정의 표현으로 일반화되었다. 어떤 일을 취소하거나 무효화하고자 할 때 쓰는 강한 부정의 한 단어 표현이다. 반대어는 Affirmative.이다.

경찰, 군대, 직장 등의 계급 조직 내의 상하 간에 엄격한 위계 질서가 요구되는 조직에서 흔히 사용된다. 지금은 강한 부정의 표현으로도 쓰인다.

---

Dialog 1

A : Did you finish the battle plans yet?

B : Negative.

A : 전투 계획을 마쳤나?
B : 아직 못했습니다.

---

Dialog 2

A : Have you talked to General Smith?

B : Negative.

A : 스미스 장군에게 보고를 했나?
B : 못했습니다.

# 9 Hardly.

*전혀 그렇지 않아요.*

[há:rdli]

Hardly.가 보통 문장 안에서 사용될 때는 '거의 …한 것은 아니다'라는 의미로 No.보다 '약한 부정'의 뜻이 된다. 그러나 회화 상에서 No. 대신 단독으로 사용될 때는 강한 부정이 되어 Not at all.(전혀 … 한 것은 아니다.)이라는 의미가 된다. 이 표현은 hard라는 형용사에서 파생된 것으로 보이지만 hard와는 관련 없는 독립적인 단어이다.

Hardly.는 No.라고 말하는 것보다 훨씬 비꼬는 표현이 되어 "어떻게 감히 … 할 수가" 정도의 강한 부정적인 느낌을 나타내는 한 단어 표현이다.

---

**Dialog 1**

A : Are you having fun?

B : Hardly!

> A : 재미있니?
> B : 아니, 전혀 재미없어.

---

**Dialog 2**

A : Did you start your report?

B : Hardly.

> A : 리포트 작성을 시작했니?
> B : 아니, 전혀 시작 못했어.

# 70  Terrible! 형편없어, 엉망이야.

[térəbəl]

Terrible.의 본래 뜻은 '무서운, 가공할dreadful'이지만 구어 영어에서는 '서툰, 형편없는, 매우 불쾌한very bad, unpleasant' 등의 부정적인 의미로 사용되고 있다. My English is terrible.이라고 말하면 "내 영어 실력은 형편없어"라는 뜻이다. Terrible!의 반대 표현으로 Terrific!이 있는데 His English is terrific.이라고 말하면 "그 사람 영어 실력 대단해"라는 뜻이다.

또, 새로 구입한 차를 보고 Terrific!이라고 말하면 '대단히 멋있어!'라는 뜻이 되고, 물려받은 볼품없는 자동차를 보고 Terrible! 했다면 '쓸 수도 없는 형편없는 고물차'라는 의미가 된다.

---

**Dialog 1**

A : How are you today?

B : Terrible!

A : 오늘 기분이 어때?
B : 엉망이야.

**Dialog 2**

A : Look! That new car crashed.

B : Oh, (how) terrible!

A : 저것 좀 봐! 저 새 차가 납작해졌어.
B : 어이쿠, 엉망이 되었네.

# 77 So? | 그래서? 그것이 어째서?

[sou]

So?는 So what?이 줄어서 된 표현이다. 상황이나 결과가 어떻게 되든 개의치 않겠다는 뜻이다.

우리말의 '그러면 어때, 그래서?' 등에 해당하는 말로, 다소 시비를 거는 듯한 뉘앙스를 준다. What does it matter?(그것이 무슨 문제가 되는 거야?)라고 따지는 듯한 의미가 있다. 친한 사이에서 자주 쓰이는 표현이지만, 그렇지 않은 사이에서는 좀 거칠고 무례하게 여겨질 수도 있는 말이므로 사용에 주의를 요하는 것이 좋다.

---

**Dialog 1**

A : Your attitude always seems to lack sincerity.

B : So?

A : 당신은 항상 태도가 성실치 못해.
B : 그래서?

---

**Dialog 2**

A : Your car is always dusty.

B : So?

A : You'd better clean it regularly.

A : 네 차는 항상 먼지투성이야.
B : 그래서?(남의 차야 먼지가 있든 말든 무슨 상관이냐는 어투)
A : 정기적으로 세차를 좀 하지 그래.

# 12 Nothing.

 별일 없어요. 아무것도 아니에요.

[nΛθɪŋ]

**상**대방과의 대화가 귀찮거나 별 화젯거리가 없을 경우 대화를 회피하는데 좋은 부정의 한 단어 표현이다. 우선 상대방이 안부를 물어 왔을 때 Nothing.이라고 하면 '별일 없다'라는 말 Nothing much.와 같은 뜻이 되어 대화의 진전을 차단, 불필요한 대화를 사전에 막아 버릴 수 있다. Nothing special.이라고도 쓴다.

또 상대방이 "뭐라고 하셨나요?"라고 물어 올 경우 Nothing이라고 하면 "아무것도 이야기한 것이 없다"라는 말로, 다르게 표현하자면 I did not say anything.이다.

---

 A : What have you been up to?

B : Nothing (special).

A : 지금까지 어떻게 지냈어?
B : 별일 없어.

---

 A : What did you say? What do you want?

B : Nothing.

A : 뭐라고 했어? 뭘 원하는 거야?
B : 아무런 말도 안 했어.

# 13 Wrong.

 그렇지 않아요.

[rɔːŋ]

상대방이 어떤 이야기를 하며 Right?(그렇죠?)라고 확인하려는 경우, "사실이 그렇지 않아"라며 강한 부정을 하고 싶을 때 쓰는 표현이다.

Not right.라고 해도 같은 의미가 되겠지만 Wrong. 쪽이 더 강한 부정이다. Right?라고 물어 왔을 때 Right.라고 대답하면 전적인 긍정 표현이 된다.

A : I believe Simson is guilty for the murder.

B : **Wrong.** He's been framed.

> A : 나는 심슨이 그 살인 사건에 있어 유죄라고 생각해요.
> B : 그렇지 않아요. 조작된 것이에요.

A : What's the most popular junk food in North America?

B : Um…. Hamburgers?

A : **Wrong.** It's potato chips.

> A : 미국에서 가장 유명한 음식 중 제일 불량한 음식이 뭐게?
> B : 음…. 햄버거?
> A : 틀렸어. 그건 감자 튀김이야.

# 3

# 맞장구치는
# 한 단어 표현

Great!
Sure
Attaboy
Exactly
Anytime
Magnificent!
Gorgeous!
Cheers!
Bingo!
Likewise
Check
Amen
True
Correct
Right

# Great! 좋구나, 잘 됐구나!

[greit]

It sounds great.가 줄어서 된 표현이다. '좋게 들립니다'로 직역되는 이 말은 It's wonderful.이나 I'm pleased to hear that. 정도의 뜻을 가진 맞장구 표현이다. 우리가 보통 알고 있는 great의 뜻은 '큰, 거대한big, large'이지만 구어 영어에서 great는 다양한 의미로 쓰인다.

우선 '굉장한, 멋진splendid, fine'이란 의미로 쓰이고 있다. We had a great time at the seaside.는 "바닷가에서 즐겁고 멋진 시간을 가졌다"라는 말이 된다. 또 I'm great on salads.라는 문장에서 great는 '잘하는, 솜씨가 좋은excellent, skillful'의 뜻이다.

---

**Dialog 1**

A : I'm getting a new job.

B : Great!

A : 나 일자리를 새로 구했어.
B : 그거 잘됐구나!

**Dialog 2**

A : Jim, are you free tonight?

B : I guess so. Why?

A : I have 2 free tickets to a show.

B : Great!

A : 짐, 오늘 밤 시간 있니?
B : 그래. 왜?
A : 공짜 표가 두 장 있는데 함께 쇼나 보러 갈까?
B : 좋아!

# 2 Sure. 물론이죠.

[ʃuər]

Sure.는 친밀한 반응을 나타내는 긍정의 의미로서 격의가 없고 허물없는 사이에 쓰이는 표현이다. 반대의 의미로 사용되는 표현에는 No way.(Absolutely not.)가 있다.

Sure.와 비슷한 뜻의 단어에는 Certainly.가 있는데 두 단어의 의미가 거의 같으나 sure는 주로 '주관적, 직관적 판단'에 의한 경우에만 쓰이며, Certainly.는 '객관적 사실, 증거'에 의한 경우에 쓰인다. 단호한 긍정을 표현할 때 미국에서는 Certainly., Sure., Surely.어느 것이나 쓸 수 있지만 영국에서는 단지 Certainly.만을 사용한다.

 Dialog 1

A : Will you help me write this?

B : Sure.

A : 이것 쓰는 것 좀 도와줄래?
B : 물론이죠.

 Dialog 2

A : Want to go to a movie with me Saturday?

B : Sure, why not?

A : 토요일에 나하고 극장 가지 않을래?
B : 그럼, 가고말고.

# 3 ■ Attaboy!  잘한다, 잘해.

[ǽtəbɔ̀i]

That's the boy!가 축약된 구어적 표현이다. '좋아!', '잘한다!', '굉장해!' 등의 의미로 사용된다. 남성들 사이에서 사용되는 격려나 칭찬의 표현으로, 운동 경기에서 뛰어난 기량을 보여주는 선수나 훌륭한 연기를 보여주는 연기자, 또는 상대방이 한 행동에 대해 긍정적인 맞장구를 칠 때 쓴다. 여자인 경우에는 Attagirl!이라고 하면 같은 의미가 된다.

---

**Dialog 1**

A : Dad, look at me dive into the swimming pool.

B : Attaboy!

A : 아빠, 제가 풀장으로 다이빙하는 것 좀 봐 주세요.
B : 아주 잘하는구나!

---

**Dialog 2**

A : Look at that! Choo Shin-Soo just hit another homer.

B : Attaboy!

A : 저것 좀 봐! 추신수가 또 홈런을 날렸어.
B : 거 참 잘하는데.

# 4 Exactly. | 정말 그래.

[igzǽktli]

Yes.의 강한 표현으로 '딱 맞아, 네 말 그대로야quite true'라는 의미로 감정이 들어가 있는 다소 과장된 표현이다. 일반적으로 여성들이(요즘은 남성들도) 자주 사용하는 맞장구의 표현이다.

또한 친구나 동료 등 가깝고 허물없는 사이에서 쓰이는 말이므로 친밀감을 느낄 수 있는 표현이다. 그러나 상담을 하거나 상사와의 대화에서 이 말을 남발하면 상대방의 의견에 무조건 동조하는 느낌을 주어, 주관이 없는 사람으로 여겨질 수 있으므로 잦은 사용에는 주의를 요하는 표현이다.

Dialog 1

A : So you believe that we should spend more on education.
B : Exactly.

> A : 그러니까 우리가 교육비로 더 많은 지출을 해야 한다고 생각하는구면.
> B : 그래요, 맞아요.

Dialog 2

A : This theater is terrible.
B : Yeah, it's too hot!
A : If they don't make it more comfortable, people won't come here.
B : Exactly.

> A : 이 극장은 정말 지독해.
> B : 그래, 정말 너무 더워.
> A : 이 극장은 좀 더 쾌적하게 만들지 않으면 사람들이 오지 않을 걸.
> B : 정말 그럴 거야.

# 5 Anytime.

천만에요, 별말씀을요.

[énitàim]

**어**떤 일에 대하여 상대방이 고마움을 표시해 오는 경우 자기 마음에서 우러나와 했을 때나 상대방에게 부담을 주고 싶지 않을 때 사용하는 표현에는 여러 가지가 있다. 우리말의 "천만에요, 별말씀을요"를 영어로는 You're welcome., Don't mention it., Think nothing of it. 등으로 표현하는데, 한 단어인 Anytime.도 자주 쓰인다. "그 정도의 도움이야 언제든지 기꺼이 줄 수 있다"는 뜻이다.

승용차에 동승한 사람이 Thank you for the ride.(태워 주셔서 고맙습니다.)라고 인사를 할 경우 Anytime.이라고 말하면 훌륭한 영어가 된다. 그 의미는 '기회만 있으면 언제든지 기꺼이 태워드리지요'라는 뉘앙스다. Sure.나 You are welcome., My pleasure.,도 같은 의미로 사용된다.

---

**Dialog 1**

A : Thank you for your kind assistance.
B : Anytime.

A : 도와 주셔서 정말 고마워요.
B : 천만에요.

**Dialog 2**

A : Thank you for driving me to the subway station.
B : Anytime.

A : 지하철역까지 태워 주셔서 고맙습니다.
B : 별말씀을.

# 6 Magnificent! 대단해, 훌륭해.

[mægnífəsənt]

It's magnificent.나 That's magnificent.의 준말로 보면 된다. 그러나 Magnificent! 한 단어로 충분한 의사 표시가 된다. 오히려 한 단어로 힘주어 이야기하는 것이 더 강렬한 감정 표현이 될 수 있다.

이 밖에도 어떤 것에 깊은 감동을 받은 경우 여러 말 할 필요 없이 단 한마디로 충분히 표현할 수 있는 단어들이 많이 있다. 'Gorgeous!(정말 멋있어!)', 'Superb!(대단해!)', 'Splendid!(훌륭해!)' 등인데, 이것들은 간단하면서도 상대방에게 맞장구를 쳐주는 데 아주 유용한 단어들이다. 이것들을 적절히 구사한다면 일상회화를 하는 데 아주 좋은 윤활유 역할을 할 것이다.

---

**Dialog 1**

A : How was the party?

B : Magnificent!

A : 파티는 어땠니?
B : 정말 굉장했어.

---

**Dialog 2**

A : What do you think about this oil painting?

B : (It's) Magnificent!

A : 이 유화 그림 어때?
B : 아주 훌륭해.

---

# Gorgeous!

광장해!

[gɔ́ːrdʒəs]

'좋아, 훌륭하다, 멋있다'는 말을 Wonderful!이라며 감탄하던 시절이 있었다. 그러나 요즘 와서는 Wonderful.이란 단어의 의미는 점점 사라지고 새로운 표현들이 나타나고 있다. 외국인들이 한·일 월드컵 개막전이나 우리나라의 발전상을 보고 Wonderful!이라고 감탄했다면, 요즘 영화에는 젊은 배우들이 Gorgeous!나 Magnificent!, Superb!를 연발한다. 더 새로운 것, 더욱 강력한 감정 표현을 원하는 시대적인 언어의 변천 상황이다.

A : (How) Do you like my new sports car?

B : Gorgeous!

A : 내 새 스포츠카 어때?
B : 굉장히 멋있군.

A : How was the girl you met at the party last night?

B : Gorgeous!

A : 어젯밤 파티에서 만난 그 여자 어땠어?
B : 정말 멋있었어.

# 8 Cheers!  건배! 축배!

[ʧiərs]

술좌석에서 '건배합시다!'라고 말할 때 쓰는 표현이 Cheers!이다. Cheer는 본래 명사로서 '환호, 갈채'의 뜻이고, cheerleader(응원단장), cheer-girl(치어걸)은 운동 경기에서 응원하는 사람들을 말한다. 우리나라에서는 '잔을 비웁시다'는 의미의 Bottoms up!을 많이 쓴다.

'축배, 건배'를 할 때에는 To your health!(당신의 건강을 위해 건배!), Let's take a toast!, To your success!(당신의 성공을 위해!), Here is to you! 등 다양한 표현 방법을 쓸 수 있다. 건배를 할 때 '…을 위하여!'라고 하는 경우 우리말식 발상으로 전치사 for를 사용하기 쉬우나 이때는 반드시 to를 써야 한다.

A : It's Jane's 20th birthday today.
B : Congratulations, Jane. Cheers!

> A : 오늘이 제인의 스무 번째 생일이야.
> B : 축하해, 제인. 건배!

A : I'll be promoted to a manager next week.
B : Cheers! I'll drink to that.
A : Bottoms up.

> A : 나 다음 주에 과장으로 승진해.
> B : 자, 건배! 그런 의미에서 한 잔 하자구.
> A : 그래, 한 잔 쭉 비우자구.

# 9 Bingo!

 맞았어! 우와!

[bíŋgou]

Bingo!는 미국의 서민들이 즐기는 오락 게임의 하나이다. 그러나 이 게임에서 유래된 Bingo!라는 감탄사는 기대하는 바가 그대로 이루어졌을 때 '됐어!, 맞았어!, 놀랍구나!'라는 의미로 쓰인다. 이 단어도 격식 없는 친밀한 사이에 사용되는 말이다.

빙고란 게임 자체가 의외성을 가지고 있는 일종의 도박이다. 일단 돈을 걸고 숫자가 나열된 표를 사서 사회자가 추첨하는 번호를 펜으로 표시하는데, 종횡 또는 대각선 방향으로 일련의 숫자를 가장 먼저 맞추는 사람이 당첨자가 되어 상품이나 상금을 타는 게임이다. 숫자가 맞는 순간 Bingo!라 외치면서 당첨을 환호하는 오락에서 나온 맞장구 표현이다.

 Dialog 1

A : Bingo! I've found it!
B : I guess you found your contact lens.

> A : 우와! 드디어 찾았다!
> B : 콘택트렌즈를 찾았구나.

 Dialog 2

A : What do you think about the gossip between Jack and Sharon?
B : Jack and Sharon act like they're falling in love. I bet they decide to get married soon.
A : Bingo! Actually they just announced their engagement last night.

> A : 잭과 샤론의 소문에 대해 어떻게 생각하니?
> B : 둘은 사랑하는 사이 같아. 난 그 사람들이 곧 결혼할 거라고 생각해.
> A : 맞았어! 사실 어젯밤 두 사람이 약혼 발표를 했어.

# 10 Likewise.

저도 마찬가지예요.

[láikwàɪz]

Likewise는 like(같음, 동일함)와 wise(방식)가 복합된 단어로, '똑같이, 마찬가지로 in the same or a similar way'라는 뜻이다. 특히 인사말 중에서 상대가 '오랜만입니다'라고 할 때 '저도 오랜만입니다'라고 동의하는 경우 쓰는 말이다. 비슷한 상황에서 쓸 수 있는 유사 표현으로는 Me, too.나 Ditto.가 있다. 또한 So am I.나 So do I.도 같은 의미로 사용되고 있다.

A : Long time no see.

B : Likewise.

> A : 오랜만입니다.
> B : 네, 오랜만입니다.

A : How nice to see you!

B : Likewise.

> A : 만나서 정말 반가워요.
> B : 저도요.

# 77 Check.

확인했어, 그렇지.

[ʧek]

**명**사로서의 check에는 '수표, 검사, 물표' 등의 여러 가지 뜻이 있지만 감탄사로 쓰이는 경우 Check!는 구어 영어에서 '맞아, 확인됐어!'라는 의미로 사용된다. 수표는 '확실하다'라는 개념이 내포된 단어이다.

우리말에 "그 사람은 보증 수표야"라는 말이 있는데, 여기서 수표의 개념이 '틀림없는 사람'으로 통하는 것과 마찬가지로 확실한 긍정이나 동의의 표현으로 이 check가 사용되고 있다.

A : Today we have scheduled three proposal presentations.
B : Check. The first is as 10:00.

> A : 오늘 우리는 세 개의 기획설명회가 예정되어 있어.
> B : 그렇지, 첫 번째가 열 시야.

A : Let's go over the list. Flashlight?
B : Check.
A : Band-Aid?
B : Check.
A : Great! Let's get started.

> A : 품목을 점검해 보자구. 전등?
> B : 있어.
> A : 반창고?
> B : 있어.
> A : 좋았어! 출발하자구.

[éimén]

Amen.은 기독교에서 기도를 끝낼 때 하는 '바람, 기원, 희망' 등을 나타내는 말로서, "그렇게 되도록 해주옵소서.May it be so"라는 뜻이다. 그런데 이 Amen.이 회화 중에서 Yes.의 의미로 쓰이는 경우가 있다. 상대가 무엇인가를 부탁할 때 "소원하는 바대로 이루어지면 좋겠어요."라는 긍정 표현이다.

얼핏 생각하면 심각한 상황에서 쓰이는 표현으로 볼 수 있겠지만 오히려 그 반대의 일상생활 어디에서나 자주 쓰인다. 미국인 가운데서도 기독교인과 흑인들이 많이 쓴다. 상당히 회화에 자신 있는 사람이 상황에 따라 사용하면 아주 감칠맛 나는 표현이 되겠지만 초보자들은 가급적 피하는 것이 좋다.

A : We the people should stand up and demand our right.

B : Amen!

A : 국민들이 들고 일어나서 우리들의 권리를 요구해야만 합니다.
B : 정말 그래요.

A : We have been oppressed by society way too long.

B : Amen.

A : 우리는 너무 억압된 사회에서 살아왔어요.
B : 정말 그래요.

# 13 Ture. 정말 그렇군요.

[tru:]

T hat is true.가 줄어서 된 말로 "당신의 말은 사실입니다"라고 상대방이야기에 일단 동조하는 표현이다. True.는 사실인지 아닌지 이성적 판단을 나타내는 말이다. Sure는 감정이 다소 들어간 표현이지만 True.는 감정이 들어가 있지 않은 다소 냉정한 표현이다.

That's true, but⋯(그게 사실이야. 그러나⋯)이라는 true의 사용법이 있는데, 이 표현은 상대방의 기분을 상하게 하지 않으면서 자기의 반대 의견을 개진할 때 쓴다.

---

A : These days children are disobedient to their parents.
B : True.

A : 요즘 애들은 부모들에게 반항적이야.
B : 정말 그래.

A : I only have a 100 dollar bill.
B : That's fine.
A : Some stores don't take 100 dollar bills. It can be a real problem.
B : True.

A : 100 달러짜리 지폐밖에 없는데요.
B : 괜찮습니다.
A : 어떤 가게에서는 100 달러짜리를 받지 않아요. 그것 참 문제예요.
B : 정말 그래요.

# 14 Correct.  네, 맞습니다.

[kərékt]

Correct.는 '올바른'이란 뜻의 형용사이지만 회화 중에서 Yes.를 대신하는 표현으로 사용되기도 한다. 이것은 상대가 말한 것에 대해 "네, 맞습니다"라고 응답할 때 쓰는 표현이다. 예를 들어 기자 회견 석상이나 법정에서 사실을 확인할 때 Correct.라고 하면 확실한 긍정의 표현이 된다. Correct.는 이처럼 공식적인 장소에서 쓰는 표현이기 때문에 발음은 정확하게, 어조는 낮고 위엄 있게 말하는 것이 좋다. 그러나 요즘 와서는 Correct.가 일상생활에서도 자주 쓰이게 되면서 Right.나 True. 등과 서로 혼용하여 사용되고 있다.

A : Did you say Trump will run for the next presidency?

B : Correct.

　　A : 트럼프 대통령이 다음 대통령 선거에 출마할 거라고 생각하십니까?
　　B : 네, 그렇습니다.

A : Would you please tell the court your name?

B : Lee In-soo.

A : On the night of the incident, you said you were with the defendant?

B : Correct.

　　A : 성명을 말씀해 주십시오.
　　B : 이인수라고 합니다.
　　A : 사건 당일 귀하가 피고와 같이 있었다고 했지요?
　　B : 네, 그렇습니다.

# 75 Right.

 네, 그렇습니다.

[rait]

That's right.가 줄어서 된 이 표현은 마음속으로 확인하면서 "네, 옳아요"라고 맞장구칠 때 쓰는 말이다. All right.가 '좋아, 됐어'라는 허가의 의미를 가지고 있는 데 반해 That's right.는 '그래, 그거야' 정도로 상대방의 말을 있는 그대로 긍정한다. 같은 뜻의 (That's) Correct.보다 더 폭넓고 다양하게 사용할 수 있다.

Right는 또한 '동의'를 나타낼 때도 쓸 수 있는데, 긍정의 표현인 Uh-uh와 Right.를 적절하게 구사하면 회화가 한결 부드러워진다.

A : Let's finish this before we take on any more work.

B : Right.

> A : 일을 더 이상 떠맡기 전에 이것을 빨리 끝냅시다.
> B : 맞아요, 그럽시다.

A : Good morning. May I help you?

B : Yes, My name is Kim Jae-bok. I have a reservation.

A : Mr. Kim Jae-bok. Here you are. That's through the 7th. Isn't it?

B : Right.

> A : 안녕하세요. 뭘 도와 드릴까요?
> B : 제 이름은 김재복입니다. 예약을 했는데요.
> A : 김재복 씨요. 여기 있군요. 7일까지 예약이 되어 있군요.
> B : 그렇습니다.

# 4

# 대화를 원활하게 하는
# 한 단어 표현

Hi!
Morning
Sorry!
Sorry?
Again
Er…, Uh…
Please
Anything
Pardon?
Congratulations!
Sir?
Say
Thanks
What?
Well

 # Hi! 어이, 안녕.

[hai]

Hi!는 상대방에게 가볍게 인사를 건네는 말이다. 우리말의 '안녕하세요'나 상대방의 주의를 촉구하는 '어이!' 정도에 해당하는 표현이다.

처음 미국 출장을 간 회사원이 엘리베이터 안에서 금발의 미녀가 Hi!라고 인사를 해서 당황했다는 이야기를 들은 적이 있는데, 평소 인사성이 밝은 미국인들에게는 이 Hi!가 그렇게 의미 있는 말은 아니다. 서양 문화에서는 모르는 사람들끼리도 슈퍼나 엘리베이터, 심지어 화장실에서도 눈이 마주치면 가볍게 Hi!라고 하는데, 그렇게 해도 전혀 어색하지 않고 오히려 친밀감이 드는 자연스런 표현이 바로 Hi!이다.

 Dialog 1

A : Hi! Jim. What's up?
B : Nothing much.

> A : 어이, 짐. 별일 없어?
> B : 별일 없어.

 Dialog 2

A : Hi! Jack.
B : How are you doing these days?
A : Everything is fine. How about you?
B : Couldn't be better.

> A : 어이! 잭.
> B : 요즘 어떻게 지내?
> A : 잘 돼 가고 있어. 자넨 어때?
> B : 아주 좋아.

# 2 Morning.

안녕하세요.

[mɔ́ːrniŋ]

Morning 은 '아침, 오전' 이라는 뜻의 단어이다. 그러나 인사말로 사용되어 Morning!이라고 하면 Good morning과 같은 뜻이 된다. 자정에서 정오까지면 언제든지 쓸 수 있는 인사말이며, 요즘은 오히려 Morning.이라고 간단하게 인사하는 것이

Good morning.보다 더 많이 쓰이는 경향이 있다.

마찬가지로 저녁 인사도 요즘에 와서는 Good night. 대신 Night.이라고 줄여 사용하기도 한다.

A : Good morning professor!

B : Morning. You sure get up early.

　A : 교수님, 안녕하세요.
　B : 안녕한가. 아침 일찍 일어났군.

A : Good night, Mary.

B : Night. See you tomorrow.

　A : 안녕, 메리.
　B : 안녕. 내일 또 봐.

# 3 Sorry.

미안하지만 안 되겠군요.

[sɔ́:ri]

"**죄**송합니다, 미안합니다"라는 뜻의 이 말은 아주 완곡한 부정이나 거절의 표현이다. Sorry 발음 자체의 느낌이 No.라고 말하는 것보다 더 부드럽고 노래하는 듯한 느낌이 든다.

그렇지만 Sorry.는 사과의 뜻만이 아니라 단호한 거절의 의미도 아울러 가지고 있다. May I use your car?라고 물어 왔을 때 Sorry.라고 답한다면 확실한 거절의 표현이 된다.

---

**Dialog 1**

A : Can you look after my baby during my absence?

B : Sorry (I can't).

> A : 내가 없는 동안 우리집 아이를 좀 봐줄 수 있을까요?
> B : 미안하지만 안 되겠네요.

**Dialog 2**

A : Let's go out for pizza.

B : Sorry. I've got to study.

A : Can't you take a break even for an hour?

B : Not really.

> A : 우리 피자 먹으러 가자.
> B : 미안하지만 안 되겠어. 공부해야 돼.
> A : 한 시간 정도 시간도 낼 수 없을까?
> B : 정말 안 돼.

# 4 Sorry?

뭐라고 하셨죠?

[sɔ́ːri]

우리가 일반적으로 알고 있는 Sorry.의 뜻은 '미안하다'는 사과의 의미이다. 잘못해서 남의 발을 밟았을 경우 "죄송합니다"라며 Sorry.라고 말한다.

또 '아쉬움'의 뜻으로도 사용되고 있는데, 은행이나 가게 등에서 영업시간이 지나 손님이 찾아올 경우 Sorry, we're closed.라고 하면 "미안합니다, 영업이 끝났습니다"라는 말이 된다.

회화를 하다가 상대방의 말이 잘 들리지 않거나 이해가 잘 되지 않을 때 편리하게 쓸 수 있는 단어가 또 Sorry?이다. 이때의 뜻은 다시 한 번 반복해 달라는 요청의 의미이다. 그러나 이 경우에는 말끝을 올려서 발음하는 것에 유의해야 한다. Pardon? 역시 같은 뜻으로 더 정중한 표현이다.

A : I'm very hungry right now. Would you fix some food for me?

B : Sorry?

A : I'm hungry.

> A : 나 지금 몹시 배가 고파요. 먹을 것 좀 만들어 줄래요?
> B : 뭐라고 하셨죠?
> A : 배가 고프다구요.

A : Boy! I'm cold.

B : Sorry?

A : I said, I'm cold now. Would you turn on the heater?

> A : 아이고, 추워라.
> B : 뭐라고요?
> A : 지금 춥다고요. 히터 좀 켜 주시겠어요?

# 5 Again.  다시 한 번 이야기해 줘.

[əgéin]

Please say it once again.이라고 할 것을 끝의 한마디 again으로 간단하게 표현할 수 있다. 영어에는 "한 번 더 이야기해 달라"는 표현이 여러 가지 있지만 그 중 가장 간단한 것이 바로 이 Again.이 아닌가 싶다. 그러나 더 정중하고 공손하게 상대방에게 부탁할 때는 아무래도 Would you say that again?이나 I beg your pardon.을 쓰는 것이 좋다. 부담 없고 가까운 사이라면 Again.을 쓴다.

Again.을 좀 더 공손하게 하자면 please를 붙여서 Again, please.라고 하면 된다. 앞의 표현 Sorry?라고 해도 같은 의미가 된다.

---

 Dialog 1

A : My telephone number is 594-9435

B : **Again** (please). I didn't quite catch that.

> A : 우리 집 전화번호는 594-9435야.
> B : 다시 한 번 말해 줘. 잘 알아듣지 못했어.

 Dialog 2

A : We're going to get an extra day off as a bonus.

B : **Again** (please). I'm sure I misunderstood what you said.

> A : 우리는 보너스로 하루를 더 쉴 거야.
> B : 다시 한 번 이야기해 줘. 네 이야기가 믿기지 않아(너무 의외라 믿을 수 없어).

# 6 Er…, Uh…

저기, 에…

[əːr], [ʌ, ʌŋ]

**대**답하기 어려운 질문을 받았거나 확답하기 애매한 경우에는 으레 망설이게 마련인데, 이런 상황에 적합한 표현이 Er… 또는 Uh…이다. 또한 대답하기 어렵거나 대답할 말을 찾기 위해 시간을 벌기 위한 때에도 쓸 수 있는 말이다.

이와 유사한 표현이 Well…이란 단어가 있는데 Er…과 번갈아 가며 쓸 수 있는 말이다. 그렇지만 Well…은 너무 자주 쓰면 어색하므로 상대방의 관심을 끌 목적으로 '자, 그렇다면' 정도의 의미로 꼭 필요한 경우에만 사용하도록 한다.

---

A : What do you want to do after graduating from college?
B : Well, er… I want to be a news reporter.

   A : 대학 졸업하고 뭐 할 생각이니?
   B : 글쎄, 저기… 신문 기자가 되고 싶어.

A : Where do you want to go during summer vacation?
B : Uh… to Hawaii or Saipan.

   A : 방학 동안 어디에 가고 싶니?
   B : 에… 하와이나 사이판이 좋겠어.

---

# 7 Please.

[pli:z]

Please.는 긍정의 단어로, 상대방에게 무엇을 부탁할 때 쓸 수 있는 표현이다. 상대방이 (Would you have some) More coffee?라고 물어 왔을 때 Please.라고 하면 '좋습니다'라는 긍정의 대답이지만 이 경우는 상대방에게 부탁하는 의미가 강하다. 이 단어는 상대방에게 정중하게 부탁할 때 쓰며, Yes, please.가 줄어서 된 표현이다.

A : Would you like some more coffee?
B : Yes, please.

> A : 커피 좀 드시겠어요?
> B : 네, 부탁 드려요.

A : I'd like a steak, well-done please.
B : Do you want a baked potato?
A : Yes, please.
B : (Will there be) Anything else?
A : No, thank you.

> A : 잘 구운 스테이크를 주세요.
> B : 구운 감자도 드릴까요?
> A : 네, 부탁해요.
> B : 또 필요한 것 없으세요?
> A : 없습니다.

# 8 Anything. 뭐든지 부탁해.

[éniθìŋ]

Anything.은 상대방의 요구나 부탁에 대하여 쾌히 승낙하는 한 단어의 긍정 표현이다. Anything you want.(당신이 원하는 것은 뭐든지.)나 Anything you need.(필요한 것은 뭐든지.)가 줄어서 된 표현이라고 보면 된다. 서로의 신뢰가 쌓인 아주 친한 사이에서 쓸 수 있는 강한 승낙의 표현이다.

**A** : May I ask you something?

**B** : Anything.

A : 너한테 뭐 좀 부탁해도 돼?
B : 뭐든지 해.

**A** : Can I ask a favor?

**B** : Anything.

**A** : Will you lend me $1,000 right now?

**B** : Sure.

A : 부탁 좀 할까?
B : 뭐든지 해봐.
A : 지금 바로 1,000 달러만 빌려줄래?
B : 그래.

# 9 Pardon?  뭐라고 하셨죠?

[pá:rdn]

**용**서, 허용'이란 뜻의 말로서 I beg your pardon?(다시 한 번 말씀해 주시겠습니까?)이 줄어서 된 표현이다. Beg your pardon?이라고도 한다.

I beg your pardon.의 경우 세 가지 의미가 있는데 첫 번째는 과실, 실례에 대한 사과의 표현으로 "죄송합니다"라는 뜻이다. 두 번째는 모르는 사람에게 말을 걸 때 쓰는 말로, 예를 들면 I beg your pardon. Would you tell me the way to the Myung-Dong?(실례합니다만 명동은 어느 쪽으로 가지요?)라고 말하는 경우다.

마지막으로 의문사가 붙는 I beg your pardon?은 '다시 한 번 말해 달라'는 의미이다. 그리고 이 말이 줄어서 된 한 단어 표현이 Pardon?이며, 이때는 반드시 끝을 올려서 발음해야 한다.

 **Dialog 1**

A : Would you mind if I open the window?
B : Pardon?
A : I said "May I open the window?"
B : OK. Go ahead.

> A : 창문 좀 열어도 될까요?
> B : 뭐라고 하셨죠?
> A : 창문 좀 열어도 되냐고 물었어요.
> B : 좋습니다. 여세요.

# 70 Congratulations! 축하합니다!

[kəngrætʃuléiʃəns]

**다**른 사람의 성공이나 행운 등을 축하해 주고 싶을 경우 한 단어로 Congratulations!라고 하면 된다. 그런데 이때 유의할 점은 반드시 's'가 붙는 복수형이 된다는 것이다. 물론 Let me congratulate on your promotion.(승진을 축하합니다.)과 같이 길게 표현할 수도 있지만 한 단어로 Congratulations!라고만 해도 훌륭한 영어가 된다.

우리말에서는 '축하한다'는 말이 어떤 상황에서든 공통적으로 사용되지만 영어에서는 경우에 따라 그 표현 방식이 조금씩 다르다.

생일을 축하할 때는 Happy birthday! Jack.이라고 상대방의 이름을 뒤에 붙이고, 크리스마스를 축하할 때는 Marry Christmas!라고 말한다.

---

**Dialog 1**

A : My son got accepted to Seoul National University.
B : Congratulations!

A : 우리 아들이 서울대학교에 합격했어요.
B : 축하해요!

**Dialog 2**

A : It's your birthday today? Congratulations!
B : Thanks.

A : 오늘이 네 생일이라며? 축하해!
B : 고마워.

# 77 Sir?

저를 부르셨습니까? 뭐라고 하셨죠?

[sə́ːr]

Sir은 본래 남성에 대한 존칭이며, 여성에 대해서는 Ma'am이라고 부른다. 그러나 구어 영어에서는 물음표를 붙여 Sir?이라고 하면 "저를 부르셨나요?"라는 의미인 Did you call me, sir?이라는 뜻이다.

또 상대방이 무어라고 이야기했는데 잘 알아듣지 못했을 경우, "말씀하신 것을 잘 듣지 못했는데요"라는 의미로 쓰기도 한다. 마찬가지로 여성에게 같은 표현을 하고자 할 때는 Ma'am?이라고 하면 된다.

A : Tom!

B : Sir?

A : Come over here. I want to talk to you.

A : 톰!
B : 네, 저를 부르셨나요?
A : 이리로 좀 와. 할 말이 있으니까.

A : I want you to take this to Mr. Franklin.

B : Sir?

A : Please take this to Mr. Franklin.

A : 프랭클린 씨에게 이것을 좀 갖다 드려라.
B : 뭐라고 하셨죠?
A : 이것을 프랭클린 씨에게 갖다 드리라고.

# 12 Say

자, 글쎄, 야.

[sei]

**보**통 '말하다'라는 의미로 쓰이는 이 'Say'는 말의 첫머리나 중간에 삽입구처럼 사용되어 상대방의 주의를 끌거나 대화를 원활하게 하고자 할 때 흔히 쓰인다.

우리말로 하자면 상황에 따라 '말하자면, 예를 들면, 글쎄, 저, 그러니까, 자' 등 여러 가지 의미가 된다. Come and see me one of these days, say, about next Saturday.라고 하면 "가까운 시일 내에, 그러니까 이번 토요일쯤에 놀러 오세요." 라는 뜻이 된다.

A : **Say,** where did I see that can opener?
B : You saw it where you last used it.

A : 가만있자, 내가 어디서 깡통 따개를 봤더라?
B : 네가 마지막 쓴 곳에서 봤겠지.

A : **Say,** don't know you from somewhere?
B : I am afraid not.

A : 저, 어디서 뵌 것 같은데요.
B : 그렇지 않을 겁니다.

A : **Say,** isn't that a new Hyundai car?
B : Yeah, I think it is.

A : 야, 저게 새로 나온 현대 차 아니야?
B : 응, 그런 것 같아.

# 13 Thanks.

고마워요.

[θæŋks]

고맙다는 말을 한 단어로 간단히 할 수 있는 표현이 Thanks.이다. 이 말은 Thank you.를 줄인 것으로, 이 밖에도 Thanks a lot., Thank you very much., Thank you so much., Many thanks., Thanks a million., A thousand thanks. 등 여러 가지 표현을 쓸 수 있다. 그러나 Thanks.는 상황에 따라 속으로는 고맙게 생각하지 않는 냉소적인 표현으로 쓰이기도 한다. Thanks, but no thanks.라고 하면 완곡한 거절의 표현이 된다.

A : I will be happy to drive you to the station.

B : Thanks.

> A : 역까지 모셔드리겠습니다.
> B : 고마워요.

A : I'm afraid that you're going to have to work the night shift today.

B : Thanks. (sarcastically)

> A : 오늘 밤 야간 교대 근무를 해야 하니 안됐군.
> B : 고맙군 그래(약간 비꼬는 어조로).

A : How would you like to buy my old car?

B : Thanks, but no thanks.

> A : 내 중고차를 사는 게 어때?
> B : 고맙지만 사양하겠네.

# 14 What? 뭐라고 했지?

[hwɑt]

상대방이 한 말을 잘 알아듣지 못했을 경우 되묻는 표현이다. 그러나 이 표현은 허물없이 친한 사이가 아니면 사용하지 않는 것이 좋다. 왜냐하면 사람에 따라 이 말이 정중하지 못한 표현이라고 생각할 수도 있기 때문이다.

그럴 경우에는 한 단어 표현으로 Pardon?을 쓰는 것이 보다 예의 바르고 정중한 표현이다. 다소 시비를 거는 듯한 인상을 주는 표현이므로 상황에 따라 적절히 사용해야 한다.

---

**Dialog 1**

A : I need some money. I'll pay you back.

B : (pretending not to hear) What?

A : I said I need some money.

> A : 돈이 좀 필요해. 나중에 갚을게.
> B : (못 들은 척) 뭐라고?
> A : 돈이 좀 필요하다고 했어.

**Dialog 2**

A : What time will you come?

B : What?

A : I mean when will you come to my house?

> A : 너 언제 올 거니?
> B : 뭐라고?
> A : 우리 집에 언제 올 거냐고 물었어.

# 15 Well. 글쎄, 음, 자!

[wel]

이 Well.은 문장의 앞 첫머리에서 말을 꺼낼 때 대화를 원활하게 도와
주는 역할을 한다. 이 표현을 사용하면 바로 대답할 수 없는 질문에 대해 여유를
가질 수 있다. 더 시간이 필요한 경우에는 Well, let me see….라고 같은 의미인
Let me see.를 반복하면 시간을 벌면서 더 절제된 표현을 할 수 있게 된다.

이 Well.은 여러 가지 의미를 포함한다. 오랫동안 못 보던 친구를 예기치 못한
장소에서 만났을 때 Well, well. 하면 '놀라움'을 나타내는 '어이쿠!' 정도의 뜻도
된다. Well, I'm through now.(자, 이제 끝을 냈군.) 하면 '안도'의 뜻을 나타내고,
또 well이 문장의 중간에서 If nobody comes, well, it's all the better.(아무도 오
지 않는다면 그건 더욱 좋지.) 하면 '그때엔, 그러면'이란 의미가 되는 등 상황에
따라 여러 가지로 다양하게 사용되고 있다.

---

**Dialog 1**

A : Can you do that?
B : Well, I'm afraid not.

A : 너, 그것 할 수 있니?
B : 글쎄, 못 할 것 같아.

**Dialog 2**

A : How do you like your school?
B : Well, it's not bad.

A : 학교생활이 어때?
B : 음, 괜찮은 편이야.

**Dialog 3**

A : How far is it to your school?
B : Well, let me see. It takes half an hour.

A : 학교까지는 얼마나 걸리나요?
B : 에, 보자. 한 반 시간쯤 걸려요.

---

# 5

## 감탄의 한 단어 표현

Heavens!
Oops!
Shoot!
Boy!
My!
Aw!
Dear!
Blah!
Righteous!
Awesome!
Hey!
Terrific!
Incredible!
Fabulous!
Beautiful!

# 1 ▪ Heavens!

어이쿠! 어머나!

[hévəns]

Heaven의 일반적인 뜻은 '하늘, 창공'이지만 비유적인 의미로 '신 god, 하늘의 뜻, 신의 섭리'로도 사용되고 있다. Jesus(쳇!)가 감탄사로 쓰이듯이 Heavens!도 '놀람, 항의'를 나타내는 감탄사, '어머나!, 저런!' 등의 의미로 사용 되고 있다.

Jesus!, Oh, my God!, Heavens! 등과 같이 아주 숭고하고 고귀한 단어들이 오 히려 부정적인 의미로 사용되는 것은 일종의 반어적인 표현이라고 볼 수 있다.

A : What's in the headlines?

B : (Good) Heavens! There was a big plane crash.

A : 헤드라인 뉴스가 뭐야?
B : 어이쿠 저런! 대형 비행기 추락 사고가 있었어.

A : The new software we bought is already out of date.

B : Heavens! Software sure changes quickly.

A : 우리가 산 소프트웨어가 벌써 구식이 됐어.
B : 저런! 소프트웨어는 너무 자주 바뀐단 말이야.

# 2 Oops! 어이쿠!

[u(:)ps]

Oops!는 일상회화에서 의외로 많이 쓰이는 표현이다. 어떤 사소한 잘못을 했을 경우 거의 반사적·습관적으로 튀어나오는 말로, 우리말의 '어이쿠! 저런!' 등에 해당한다.

이 표현에는 무슨 잘못을 저질러 당혹스러움, 놀라움이나 사과의 뜻이 담겨 있다. Whoops!도 Oops!와 거의 같은 의미의 감탄사인데, Whoops!는 행동을 수반하는 경우가 많다.

**Dialog 1**

A : I heard that they are going to promote him.
B : Really? I didn't know that.
A : Oops! I thought you knew that.

> A : 그 사람 곧 승진될 거라고 하던데.
> B : 정말? 난 금시초문인데.
> A : 이런, 실수했네. 난 네가 알고 있는 줄 알았어.

**Dialog 2**

A : Oops! I'm sorry. I dropped your plate.
B : It's okay.

> A : 어이쿠, 미안해. 접시를 깨뜨렸어.
> B : 괜찮아.

# 3 Shoot!

제기랄, 이런!

[ʃuːt]

미국인들이 일상생활에서 일이 뜻대로 되지 않거나 잘 풀리지 않을 때 내뱉는 말로서, 비속어로 쓰이는 Shit!의 완곡한 표현이다. '낙담, 실망, 놀람, 불쾌'등의 뜻을 내포하고 있으며, 우리말로 표현하자면 '제기랄! 이런! 어이쿠!' 등에 해당한다.

단, 명령형으로 Shoot!라고 하면 "어서 말해, 빨리 털어 놔"라는 뜻이 된다. Shoot의 '총을 쏘다'라는 의미를 연상하면 이해하기 쉬울 것이다.

---

**Dialog 1**

A : Did you bring your ID card?
B : Oh, shoot! I forgot.

A : 신분증을 가져왔니?
B : 이런! 잊어버렸네.

**Dialog 2**

A : Can I ask you a question?
B : Sure. Shoot!

A : 질문 하나 해도 될까?
B : 물론, 어서 말해 봐.

# 4 Boy! 어이쿠!

[bɔi]

Boy!는 '기쁨, 놀람' 등을 나타내는 감탄의 표현으로 '어이쿠, 이런' 등의 의미와 통한다. 보통은 환희를 나타내는 '신난다, 옳지'의 뜻으로 많이 사용되나, 경우에 따라서는 어처구니 없는 상황에서 진한 감정을 나타낼 때 쓰며 말의 첫머리에 온다.

Oh, Boy!라고 앞에 감탄사 'Oh!'를 붙여서 놀라움과 실망을 나타내기도 한다. 'Oh my!'나 'My!'도 같은 상황에서 쓸 수 있는 감탄의 한 단어 표현이다.

A : Boy! I can hardly walk.
B : What happened?
A : I slipped and fell down the stairs yesterday.
B : I'm awfully sorry to hear that.

> A : 어이쿠! 걸음을 뗄 수가 없네.
> B : 왜 그래?
> A : 어제 발을 헛디뎌 계단에서 굴러떨어졌어.
> B : 정말 안됐군 그래.

# 5 My!

[mai]

**여**기서는 우리가 일반적으로 알고 있는 대명사로서의 'My'가 아니라 '놀람, 흥분' 등을 나타내는 감탄사로서의 My!이다. '어이쿠!, 저런!' 정도의 뉘앙스를 주는 단어이다. 그러나 경우에 따라서는 '냉소sarcasm, 반대disagreement, 주의caution, 위로consolation' 등의 다양한 감정을 나타내는 단어이기도 하다. Man! 도 같은 의미이고 Boy!도 My!와 동일한 표현이다.

---

Dialog 1

A : My! It's cold outside.

B : The weather report says today is the coldest day of the year.

A : 어휴, 밖이 너무 추워.
B : 일기예보에 의하면 오늘이 금년에 가장 추운 날이래.

---

Dialog 2

A : My, my! What a clever boy his son is!

B : Yes, he really is.

A : 어머나! 그 사람 아들은 참 영리하구나.
B : 그래, 정말 영리해.

---

Dialog 3

A : My mom said I couldn't go on the trip with you.

B : Man! Your mom's mean.

A : 엄마가 너하고는 여행을 가지 말래.
B : 저런! 네 엄마는 심술궂으시구나.

---

*Man!도 My!와 같은 의미로 놀라움·열광·낙담 등의 감정을 표현한다.

# 6 Aw! 아니!

[ɔ:]

Aw는 '항의, 혐오, 동정'의 의미를 내포하고 있는 감탄사이다. 우리말의 '아니! 에잇! 흥! 제기랄!'에 해당하며, 경우에 따라서는 상대방에게 간청하는 의미로도 사용된다. 아래 대화에서는 상대방의 의견에 반박, 부정의 뜻으로 사용되고 있다.

**Dialog 1**

A : No, I don't want to go to see the game tonight.
B : Aw, come on! It will be a great game.

> A : 아니, 오늘 밤 게임을 보러 가고 싶지 않아.
> B : 아니, 이봐. 그것은 아주 큰 게임이야.

**Dialog 2**

A : The manager sure seems like a tough character.
B : Aw, he's all right once you get used to him.

> A : 과장은 아주 까다로운 사람 같더라.
> B : 아냐, 알고 보면 좋은 사람이야.

# Dear! 어머나, 저런!

[diər]

본래 dear의 뜻은 '사랑스러운, 소중한<sup>much loved, precious</sup>'이나 앞에 감탄사 Oh가 붙은 Oh, dear!나 Dear me!가 되면 '놀람, 초조, 곤혹' 등의 감정을 나타내는 의미로 바뀐다. 슬픈 비탄의 감정을 나타낼 때 쓰는 표현이 Oh, dear!인데, 요즘에는 그 사용 범위가 넓어져 별것 아닌 일에도 자주 쓰이고 있다. 예컨대 식사 중에 나이프나 포크를 떨어뜨렸을 때, 정전되었을 때, 자동차 시동이 걸리지 않을 때에도 Oh, dear!를 흔히 쓴다.

**A :** Sorry, the train has just left.
**B :** Oh, dear!

A : 미안합니다만 기차가 막 출발했습니다.
B : 저런.

**A :** Jim's brother died in a traffic accident this morning.
**B :** Dear, dear! I'm really sorry to hear that.

A : 짐의 동생이 오늘 아침 교통사고로 사망했어.
B : 어머나! 정말 유감스러운 일이군.

# 8 Blah! 시시해!

[blɑː]

**바**보 같은 소리나 허튼소리를 할 때 '시시해!'라고 빈정거리며 쓰는 말이 Blah!이다. 영화나 소설, 강의 등의 내용이 재미없거나 시시할 때도 It was blah.(그것 참 시시해!)라고 조소적으로 표현한다.

대화 속에서 blah-blah-blah라고 연속적으로 사용하면 어떤 사실을 열거하거나 빈정거리는 말이 된다. 이 경우에도 냉소적, 부정적인 의미를 내포하고 있다.

\* My mother always tells me to do the dishes, clean my room, study more, blah-blah-blah.(우리 엄마는 설거지해라, 방 청소해라, 공부를 더 열심히 해라는 등 늘 잔소리만 하셔.)

A : How was the dance party last night?

B : Blah! Don't remind me.

> A : 지난밤 파티는 어땠어?
> B : 시시했어. 이야기도 마.

A : Did you like the movie last night?

B : Blah! No way.

> A : 어젯밤 영화 어땠어?
> B : 아주 재미없었어.

# 9 Righteous!

신난다!

[ráitʃəs]

본래 righteous의 의미는 '정당한, 이치에 맞는'이란 뜻이지만 구어 영어에서는 '아주 좋은, 신나는wonderful, awesome, great'이라는 의미로 많이 쓰인다.

OK!보다 더 강한 느낌이며, teen-ager들 사이에 많이 사용되는 Cool!(멋있다! 신난다!)과도 비슷한 말이다. 또한 처음에는 젊은 사람들 사이에서만 사용되다가 요즘에는 연령에 관계없이 두루 쓰인다. Awesome!도 같은 뜻이다.

**Dialog 1**

A : Guess what? I got 2 tickets to the concert!

B : Righteous!

A : 무슨 일이 있는지 알아? 연주회 표 두 장이 있단 말이야.
B : 우와 신난다!

**Dialog 2**

A : What about going to the basketball game between Korea Univ. and Yonsei Univ. tomorrow?

B : Righteous!

A : 내일 고대와 연대의 농구 시합을 구경하러 가는 것이 어때?
B : 아, 신난다!

#  Awesome! 멋있어!

[ɔ́ːsəm]

Awesome!은 'wonderful, super(굉장해, 멋있어)'와 함께 미국의 일상 회화에서 상당히 자주 쓰이는 말이다. Awesome의 본래 뜻은 '두려운, 경외심을 갖게 하는'이지만 구어 영어에서는 아주 긍정적인 표현으로 여기서는 Extremely good.이란 의미로 사용되고 있다.

Righteous!, Super!(또는 Superb!) 등과 같은 뜻으로 사용되고 있다. 이 Awesome!은 처음에는 젊은 층에서 주로 쓰이다가 지금은 남녀노소 두루 사용한다. 멋있거나 굉장한 것을 보았을 때, 외경심을 자아내게 할 정도의 감탄을 나타내는 의미이다.

 **Dialog 1**

A : I got my Dad's car tonight.

B : Awesome.

A : 나 오늘 밤 아빠 차를 갖게 됐어.
B : 야, 굉장하구나.

 **Dialog 2**

A : I got A on the test.

B : Awesome!

A : 나 시험에서 A를 받았어.
B : 대단해!

 **Dialog 3**

A : LeBron James scored 50 points last night.

B : Awesome!

A : 르브론 제임스가 지난밤에 50점이나 얻었대.
B : 굉장하군!

# 77 Hey!

 어이, 이봐, 이런!

[hei]

**이** 표현은 여러 가지 상황에서 다양하게 쓰이고 있는데, 상대방의 주의를 끌거나 놀람, 기쁨, 의문의 감정을 나타내는 단어이다.

우리말로 하자면 '어이, 야아, 이런, 이봐, 어머나, 아이고' 등 상황에 따라 여러 가지로 해석된다. 친한 사이나 아랫사람에게 사용되는 한 단어 표현이다. Hello! 와 Hi!에서 유래됐다.

---

**Dialog 1**

A : Hey! What are you doing here?

B : Nothing.

> A : 어이! 너 여기서 뭐 하고 있니?
> B : 아무것도 안 해.

**Dialog 2**

A : Hey! Stop that!

B : Gee, what did I do?

> A : 이봐, 그것 그만 둬.
> B : 제기랄, 내가 뭘 했다고 그래?

**Dialog 3**

A : Hey, come over here.

B : What's up?

> A : 어이, 여기 좀 와 봐.
> B : 무슨 일인데 그래?

# 12 Terrific! 굉장하구나!

[tərífik]

Terrific은 '무서운, 무시무시한terrible, dreadful'의 뜻으로 자주 사용되나 구어 영어에서는 '굉장한, 놀라운, 아주 멋있는amazing, amazingly good, excellent' 등의 의미로도 쓰인다.

What a terrific party!라고 하면 "야, 아주 멋진 파티다!"라는 의미가 된다.

반의어로는 terrible이 있는데 What a terrible party!라고 하면 '아주 형편없는 파티'라는 말이 된다. 그냥 한 단어로 Terrible!이라고 표현하면 '형편없다very bad'라는 뜻이 된다.

A : This is my new car. Dad bought it for my birthday.
B : Terrific!

　　A : 이것이 내 차야. 아빠가 생일 선물로 사 주셨어.
　　B : 정말 굉장하구나.

A : Let's go to the BTS concert. I have 2 free tickets.
B : Terrific!

　　A : BTS 콘서트에 같이 가자. 무료입장권이 두 장 있어.
　　B : 야, 멋있어!

# 13 Incredible!

굉장하군!

[inkrédəbəl]

Incredible!의 본뜻은 '믿어지지 않는, 믿을 수 없는too strange to be believed'이다. 그러나 구어 영어에서는 '믿을 수 없을 정도로 좋은, 굉장한wonderful, unbelievably good'이라는 뜻으로 쓰인다. She has an incredible house.라고 하면 "그 여자는 굉장히 좋은 집을 가졌다"라는 의미이다.

Credible은 '신뢰할 수 있는'의 형용사로 credit(신용)에서 생겨난 단어이다. Incredible은 접두사 in이 붙어 부정의 뜻이 돼야 할 것 같지만 오히려 긍정의 뜻이 됨에 유의해야 한다. 같은 경우로 invaluable 하면 'extremely valuable(아주 가치 있는, 유용한)'의 뜻이 된다.

---

**Dialog 1**

A : My father bought me this sports car.
B : Incredible!

A : 아버지가 이 스포츠카를 사 주셨어.
B : 야! 굉장하구나.

**Dialog 2**

A : Fantastic!
B : Incredible! The scenery is very beautiful.

A : 환상적이야.
B : 믿을 수 없군. 경치가 정말 아름다워.

# 14 Fabulous!  굉장히 좋구나!

[fǽbjuləs]

Fabulous는 fable(전설)이라는 명사에서 파생된 '전설적인'이라는 뜻의 형용사다. 그러나 구어 영어에서는 '믿기 어려울 정도로 좋은wonderful, excellent, marvelous'이라는 의미로 쓰인다. 본래 전설이라는 것이 '믿기 어려운 것'이라는 데서 파생된 뜻이다.

이 표현은 격의 없는 친밀한 사이에서 주로 사용되는 말이므로 사용에 주의를 요한다. Wonderful!보다 훨씬 더 강한 표현이다.

A : Hi, everybody. I've brought some cake for you.
I baked them myself. It looks like a fish.
B : Fabulous!

A : 여러분, 내가 과자를 좀 가져왔어요. 내가 직접 구웠는데 고기 모양이에요.
B : 와, 굉장하네요.

A : Where are we going tonight?
B : The movies.
A : Fabulous!

A : 오늘 어딜 갈까?
B : 극장에.
A : 정말! (의외의 제의에 놀란다.)

# 15 Beautiful!

너무 멋있어, 굉장해

[bjú:təfəl]

우리가 일반적으로 알고 있는 beautiful에는 '아름답다, 예쁘다'라는 뜻 외에도 구어 영어에서 '멋있다, 굉장하다'라는 의미가 담겨 있다. 골프를 치다가 아주 멀리 제자리에 공이 갔을 때, Nice (Shot)!이라고 해도 좋지만 그냥 Beautiful!이라고 해도 훌륭한 칭찬의 말이 된다.

상대방을 크게 칭찬하거나 박수를 보내 주고 싶을 때 Nice!나 Good! 정도로는 좀 부족하다고 느껴질 때 이 Beautiful!을 사용하면 더 강한 표현이 된다. '훌륭하다, 멋지다'라는 유사 표현으로는 That's great!, That's swell!도 자주 쓰인다.

A : How's my new dress sent from my uncle in the State?

B : Beautiful!

A : 미국에 계신 삼촌이 보내주신 내 새 옷이 어때?
B : 아주 멋지군.

A : How's my new haircut? It's American style.

B : Beautiful!

A : 내 새로운 헤어스타일 어때? 미국에서 유행하고 있는 것인데.
B : 굉장히 멋있구나.

# 6

기타의
**한** 단어 표현

Speaking
Yourself?
Frankly
Come
Freeze!
Period!
Time!
Right?
Satisfied?
Up?

a   b   c   d   e   f   g   h   i   j   k   l   m   n
o   p   q   r   s   t   u   v   w   x   y   z

a   b   c   d   e   f   g   h   i   j   k   l   m   n
o   p   q   r   s   t   u   v   w   x   y   z

a   b   c   d   e   f   g   h   i   j
k   l   m   n   o   p   q   r   s   t
u   v   w   x   y   z

# Speaking.

[spíːkiŋ]

**전**화를 받았는데 상대방이 자신을 찾고 있는 경우 "저예요"라고 말하고자 할 때 간단히 Speaking.이라고 표현한다. This is … speaking.(제가 …입니다.)이라는 말을 한 단어로 줄인 말이다.

우리식으로 생각하면 Yes, I am.이라고 하면 될 것 같지만 그렇게 쓰지 않는다. 가끔 외국인과 전화를 하다 보면 This is he.라는 말을 듣는데, 이것은 남성이 자신을 찾는 전화를 받았을 때 쓰는 표현이다. 물론 여성이면 This is she.라고 말한다.

A : Hello!
B : Is Tome there?
A : Speaking.

> A : 여보세요.
> B : 톰 있나요?
> A : 나야.

A : May I speak to Steve?
B : Speaking.
A : Oh, I am sorry I couldn't recognize your voice. This is jack.
B : It's OK. I had a bad cold. That's why my voice is so hoarse.

> A : 스티브 좀 바꿔 주시겠어요?
> B : 제가 스티브인데요.
> A : 오, 목소리를 알아듣지 못해 미안해. 나 잭이야.
> B : 괜찮아. 독감에 걸렸어. 그래서 목소리가 쉬었어.

# 2 Yourself? 넌 어떠니?

[juə:rsélf]

Yourself?는 상대방이 물어 온 질문에 대해 답을 해주면서 그것을 그대로 되묻는 경우에 쓰는 표현이다. 같은 뜻의 표현으로 And you?(그럼 너는?)가 있다. Yourself?는 you의 강조 표현으로 사용되고 있다.

A : Do you want some more cake?
B : Yes, thanks. Yourself?

> A : 과자 좀 더 먹을래?
> B : 그래, 고마워. 넌 어때?

A : Are you enjoying yourself?
B : Oh, yes, and you?

> A : 너 재미있니?
> B : 물론이지, 넌?

Yourself ?

# 3 Frankly. 솔직히 말해서.

[frǽŋkli]

자기 마음을 툭 털어놓고 솔직히 이야기하고자 할 때의 표현에는 To be frank with you., Frankly speaking., To be honest with you., Honestly speaking., To speak frankly. 등 여러 가지가 있으나 한 마디로 Frankly.라고 해도 훌륭한 표현이 된다.

**Dialog 1**

A : Well, what do you think of my idea?
B : Frankly, I don't think it'll work.

A : 제 계획을 어떻게 생각하세요?
B : 솔직히 말해서 잘 될 것 같지 않네요.

**Dialog 2**

A : Are you interested in renting this luxurious apartment?
B : It's very nice, but frankly, I can't afford it.

A : 이 고급 아파트를 전세 드실 의향이 있으세요?
B : 아주 좋기는 합니다만 솔직히 말씀드려 능력이 없어요.

# 4 Come.

자, 이봐.

[kʌm]

기본 동사인 come은 'come=오다' 정도로 공식처럼 외우고 있으나 사실 아주 다양한 의미를 지니고 있는 동사이다. '오다'라는 의미만이 아니라 그 반대의 뜻 '가다'로도 사용된다. 2층에 있는 아들에게 아래층 식당에서 어머니가 식사를 하라고 부르는 경우 I'm coming.이라고 대답하고 내려가는데, 이때의 의미가 '네, 가요'이다. 상대방의 입장에서 보는 표현이다.

어떤 경우에는 감탄의 의미로 사용되어 '격려, 재촉, 항의, 충고' 등을 나타내며 '자, 이봐' 등의 의미로 해석된다. 또한 경우에 따라서는 우리가 여러 가지 상황에서 다양한 의미로 쓰고 있는 Come on.과도 같은 의미로 쓰인다.

짓궂은 장난만 치는 아이에게 Come, come, you shouldn't behave like that.이라고 하면 '이봐, 그런 짓을 하면 안 돼'라는 충고의 뜻이 된다.

Dialog
1

A : Your teacher told me that you tease other boys too often.
B : I didn't mean to hurt them. It was just for fun.
A : Come, come. You shouldn't behave like that again.
B : O.K. I won't do that.

> A : 너희 선생님이 그러시던데 네가 다른 애들을 너무 자주 괴롭힌다더구나.
> B : 나는 그 애들을 괴롭힐 의도는 없었어요. 그냥 재미로 그런 거죠.
> A : 이봐, 다시는 그런 짓을 하면 안 돼.
> B : 네, 다시는 그러지 않을게요.

# 5 Freeze! 꼼짝 마!

[fri:z]

**미**국에서 이 Freeze!란 단어를 이해하지 못한 일본인 유학생이 총에 맞아 사망한 사건이 있었다. '얼어붙다, 동결하다'라는 정도로 알고 있는 이 단어는 흔히 사용되는 slang으로 '움직이지 마! 꼼짝 마! Stop! Hold up!'라는 뜻이 있는데, 유학생이 그것을 몰랐던 것이 비극의 발단이었다.

하토리라는 일본인 유학생이 미국 친구의 초대를 받아 파티에 갔는데, 밤이 어두워서 그만 집을 잘못 찾아 들어갔다. 그 집 주인은 하토리를 강도로 오인하여 Freeze!라고 소리쳤다. 그러나 이 말을 알아듣지 못한 유학생이 움직이자 총을 발사한 것이었다.

만일 주인이 일본인에게 친숙한 영어 표현인 Don't move!나 Stop!, Hold up! 정도를 사용했더라면 그런 불상사는 없었을 것이다.

 **Dialog 1**

A : Freeze! Everybody freeze!
B : All of you, hit the floor. Now! Get down now!

    A : 꼼짝 마! 모두 꼼짝 마!
    B : 모두 엎드려! 어서! 엉덩이를 바닥에 붙여, 어서!

 **Dialog 2**

A : Freeze!
B : All right, don't shoot. I'll give you everything I have.

    A : 꼼짝 마!
    B : 좋습니다. 쏘지만 마세요. 있는 것 다 드릴게요.

# 6 Period!

그만해! 더 이상 긴 말이 필요 없어!

[píːəriəd]

우리가 알고 있는 perioid의 뜻은 문장상의 마침표이다. 그러나 사전에는 설명이 잘 되어 있지 않으면서도 미국인의 일상생활에 자주 등장하는 표현이 바로 이것이다. 더 이상의 토론이나 협상의 여지가 없다는 뜻으로, That's final!, That's that! 등과 같은 의미로 자주 사용되고 있다.

Period의 뜻이 마침 부호란 것을 생각하면 쉽게 이해가 가는 표현이다. 서로가 어떤 일에 대해 열띤 토의나 다툼을 하다가 Period!라고 하면 '더 이상 말하고 싶지 않아'라는 뜻이 되고, 무엇을 보고 감탄할 때 Period!라고 하면 '더 이상 말로 표현할 수 없군, 끝내주는군' 정도의 뉘앙스를 준다.

바가지만 긁어 대는 부인에게 I don't want to hear any more about it. Period!라고 말하면 "더 이상 듣고 싶지 않아. 그만해!"라는 의미가 되고, 역전에 역전을 거듭하는 흥미진진한 농구 경기를 보고 That is what I call basketball. Period!라고 하면 "이것이 바로 농구라는 거야. 더 이상 무슨 말이 필요해!"라는 뜻이 된다.

A : Honey! Would you give me some more money for shopping?
The big sale at Lotte ends today.

B : I don't want to hear any more about your shopping sprees!
Period!

A : 여보, 쇼핑하게 돈 좀 주실래요? 롯데백화점 세일이 오늘로 끝나요.
B : 그 사재기에 대해서는 더 이상 듣고 싶지 않아. 더 이상 이야기도 하지 마.

A : Steve, look at that girl over there. She's a real knockout.

B : She's fine. Period! End of story.

A : 스티브, 저기 있는 저 아가씨 좀 봐.
B : 멋져, 더 이상 말이 필요 없군. 끝내주는군.

* knock out은 권투에서 상대방을 K.O시키는 것인데, 비유적으로 '굉장히 멋진 사람(물건)'
의 뜻으로 사용된다. 굉장히 예쁜 여자를 보고 머리가 한 방 먹은 것처럼 띵해지는 것을 상
상해 보면 된다.

# 7 Time!  잠깐 중지!

[taim]

**경**기 용어로 Time!은 '일시적으로 중지하다'의 뜻을 갖는다. 그래서 운동경기 중에 Time! 하면 작전이나 기타 이유로 인해 경기를 잠시 중단하자는 말이 된다. 그러나 운동 경기뿐 아니라 열띤 토론을 벌이고 있는 중에도 토론을 일시 중지하고자 할 때에도 이 Time!을 쓴다. Out을 뒤에 붙여 Time out!이라고 해도 같은 뜻이 된다.

또한 up이라는 단어를 사용하고 Time up!이라고 하면 '주어진 시간이 흘러 끝이 났다'는 말이 된다.

A : Hey, stop a minute! Time (out)!
B : O.K.

> A : 어이, 토론을 잠깐 중지하자구.
> B : 좋아!

A : Time (out)! Let's continue this discussion after dinner.
B : That's a good idea.

> A : 그만! 식사하고 토론을 계속하자.
> B : 그것 좋은 생각이군.

# 8 Right?  그렇죠?

[rait]

**무**언가를 말한 후 Right!라고 말끝을 약간 올려서 물으면 자기가 이야기한 내용을 상대방에게 확인하는 표현이 된다. 우리가 문법으로 배운 부가의문문과 똑같은 내용이지만 이 한 단어 표현 Right? 쪽을 사용하는 것이 한층 더 간략한 표현이다.

부가의문문은 동사에 따라 부가의문문의 형태가 Aren't you?, Don't you?, Haven't you? 등 여러 가지로 복잡하게 표시되지만 Right?는 어떤 상황에서도 변하지 않는 편리한 말이다.

---

A : You love Tom, right? (이때 부가의문문을 쓴다면 right? 대신 don't you가 됨)

B : Right.

A : 너 톰을 사랑하지, 그렇지?
B : 그래.

A : Mr. Kim, you are from Korea, right? (이때 부가의문문을 쓴다면 aren't you가 됨)

B : Right.

A : 미스터 김, 당신 한국에서 왔죠, 그렇죠?
B : 네, 그래요.

# 9 Satisfied?

만족하세요?

[sǽtisfàid]

急한 경우에는 key word 한 단어만 말해도 의사 전달이 가능한 것이 one word conversation이다. Satisfied?라고 하면 Are you scared?(무서우니?)가 축약된 한 단어 표현이다. Good?은 Is it good?(좋아?)이 줄어서 된 말이다.

상황에 따라 Enough?와 Sufficient?도 같은 의미로 사용된다. 예를 들어, 식사에 초대한 후 Satisfied?라고 물으면 "만족하셨어요?"란 뜻이 된다. 한 단어 뒤에 ?를 붙이면 의문문이 되고 period를 찍으면 평서문이 된다.

A : How do you like your new job?

B : (I'm) Satisfied.

    A : 새로 맡은 일은 어때?
    B : 만족해.

A : Some more coffee?

B : No thanks, satisfied.

    A : 커피 더 드실래요?
    B : 아뇨, 충분해요.

# 101 Up? 올라갑니까?

[ʌp]

**엘**리베이터를 탔을 때 안내원이 있는 경우나 다른 사람이 있는 경우 위로 올라가는지 내려가는지 묻고 싶을 때가 있다. 이럴 때 Is this elevator up?이라고 묻는 대신 Up?이라는 한 단어로 물어도 충분히 의사 소통이 된다. 물론 내려가느냐고 물을 때에는 Down?이라고만 하면 된다.

A : Up? (엘리베이터를 타면서)
B : No, down.

> A : 위로 올라갑니까?
> B : 아뇨, 내려갑니다.

A : Up or down?
B : Up.
A : Thanks. (엘리베이터를 타고서)

> A : 올라갑니까, 내려갑니까?
> B : 올라가요.
> A : 고맙습니다.

두 단어로 유창해지는

**영어**회화

Two Word expressions

Two word expressions

1

# 긍정과 동의의
# 두 단어 표현

I bet
You bet
No sweat
No problem
Why not?
Not bad
Can't complain
I'll survive
Oh, yes
Kind of
Got it
What else?
Love it!
Never better
No doubt

#  I bet. 틀림없어.

[ai] [bet]

본래 bet의 의미는 '내기에 돈을 걸다'이다. 그러나 꼭 돈을 걸겠다는 뜻이 아니라 여기서는 '돈을 걸고 내기를 할 만큼 확실하다'는 의미이다.

미국 사람들은 일상생활에서 I bet.이나 I'll bet. 또는 You bet, Bet you.라는 표현을 많이 사용하고 있다. You bet.은 '당신이 나와 내기를 걸어도 좋을 정도로 확실하다'는 뜻으로 Sure., Of course., Certainly.와 같은 말이다.

I bet.은 어떤 것에 대해 단정적으로 서술하는 경우에 사용되나 You bet.은 상대방의 질문에 강력하게 동의하는 경우에 사용되는 차이점이 있다.

---

 **Dialog 1**

A : Do you think it will rain tomorrow?
B : I'll bet.

A : 내일 비가 올까?
B : 틀림없이 올 거야.

---

 **Dialog 2**

A : You'll come again next year, won't you?
B : You bet, I will.

A : 내년에 또 올 거지, 그렇지?
B : 그럼, 오고말고.

# 2 You bet.

물론, 틀림없어.

[ju:] [bet]

You bet.은 일상회화에서 강조할 때 자주 쓰는 표현으로 You can be quite certain.(아주 확신을 가져도 좋아요.)이라는 뜻이다. 구어 영어에서는 You becha.라고 쓰기도 하는데 모두 같은 말이다.

You bet?이라고 해서 의문문이 되는 경우는 Are you sure?와 같은 뜻으로 "정말 틀림없니?"라는 의미다.

Dialog 1

A : Can I take one of these apples?

B : You bet.

A : 이 사과 하나 가져도 되니?
B : 물론이지.

Dialog 2

A : Do you like this movie?

B : You bet.

A : 이 영화 좋아해?
B : 그럼.

Dialog 3

A : Did you study for the test?

B : You bet.

A : 시험 준비는 했니?
B : 물론이지.

# **3** No sweat. 걱정하지 말아요.

[nou] [swet]

**N**o sweat.은 직역하면 '땀이 없다'는 말이다. 땀을 흘리지 않아도 될 만큼 쉬운 일이니까 '걱정 말라'는 뜻으로, 남자들 사이에서 많이 사용되는 표현이다. 이와 유사한 표현으로는 Don't worry.나 No problem. 등이 있는데 모두가 There is no difficulty.(어려울 것 없다.), That causes no problem.(별로 문제될 것이 없다.)이라는 뜻이다.

No sweat, no gain.(땀이 없으면 얻는 것도 없다.)이라는 격언이 있는데, 여기에서 sweat는 '노력'이란 뜻으로 쓰이고 있다.

 A : I'm sorry I'm late.
B : No sweat. We're on a very flexible schedule.

> A : 늦어서 미안해요.
> B : 걱정 마세요. 우리 일정에는 융통성이 있으니까요.

 A : Can you lend me 500 dollars?
B : No sweat.
A : How can you arrange that much money?
B : I have some money in my bank account.

> A : 500달러 좀 빌려 줄 수 있겠니?
> B : 걱정하지 마.
> A : 그 많은 돈을 어떻게 마련할 수 있어?
> B : 내 은행구좌에 그만한 돈은 있어.

# 4 No problem. 괜찮아요.

[nou] [prábləm]

미국인들은 일상생활 중에 상대방으로부터 무언가를 부탁받았을 때 그것을 승낙하고자 하는 경우 No problem.(괜찮아요.)이라는 표현을 흔히 사용한다.

문자 그대로 직역하면 '문제없다'는 말이 되어 거드름을 피우는 듯한 느낌이 들지만, It's O.K. with me.(좋습니다.) 정도의 가벼운 의미로 통용되는 일상적인 표현이다. Problem 대신 trouble을 사용하여 (It's) no trouble.이라고 해도 같은 의미가 된다.

Dialog 1

A : Would you please watch my son for a couple of hours while I am shopping?

B : Sure. No problem.

A : 제가 쇼핑할 동안 애를 몇 시간만 봐 주시겠어요?
B : 그럼요. 괜찮아요.

Dialog 2

A : Can I keep the book you loaned me for one more week?

B : No problem.

A : 빌린 책 일주일만 더 볼 수 있나요?
B : 괜찮습니다.

# 5 Why not?

 좋지요.

[hwai] [nɑt]

**어**떤 사람이 미국인을 집으로 초대하여 한국 고유의 음식인 김치 맛을 보여 주려고 Would you try Kimchi, the most typical Korean food?라고 물어 보았더니 Why not?이라고 말하며 즐거운 표정을 지었다. 말투와 표정을 보니 좋다는 게 분명한데 왜 why란 말을 썼을까 고민했다는 웃지 못할 이야기를 들은 적이 있다. Why라고 물으면 으레 because라고 대답해야 한다는 고정관념과 짧은 영어 실력 때문이었다.

위와 같은 상황에서 Why not?은 "좋아요, 그럼요, 왜 거절하겠어요?"라는 뜻으로 오히려 반어적으로 감사히 먹겠다는 의미가 내포되어 있다. 그런데 why로 시작되는 질문에 대한 고정관념 때문에 그 뜻을 제대로 파악하지 못해 그런 해프닝이 일어난 것이다.

A : Do you want to go (to) see a movie next Firday?

B : Why not?

    A : 다음주 금요일에 영화 보러 갈래?
    B : 좋지.

A : Why don't we have a five minute coffee break.

B : Why not?

    A : 5분간 쉬면서 커피나 한잔 마시는 게 어때요?
    B : 좋지요.

# 6 Not bad.

좋습니다.

[nat] [bæd]

N ot bad.를 문자 그대로 이야기하자면 '나쁜 것은 아닙니다'라는 뜻이다. 군이 우리말로 표현하자면 "괜찮습니다" 정도의 뉘앙스이겠지만 그보다는 좀더 적극적인 의미의 긍정 표현이다. Not bad.는 사물이나 사람 모두에게 쓸 수 있는 말이다.

의외로 미국인들의 일상생활에 자주 등장하는 표현이며, 그 뜻은 '꽤 괜찮다'는 것이다. Not bad at all.이라고 말하면 '나무랄 데 없이 좋다'는 뜻이 된다.

---

**Dialog 1**

A : Is this one Okay?

B : Yeah. Not bad.

A : 이것 괜찮아?
B : 응. 꽤 괜찮은 편이야.

**Dialog 2**

A : How do you like your new car?

B : Not bad. (pause) Not bad at all.

A : How much did you pay for that?

B : About three thousand dollars.

A : 네 새 차 어때?
B : 좋아. 아주 좋은 차야.
A : 얼마 주었니?
B : 한 3,000달러 정도 주었지.

# 7 Can't complain.

좋다.

[kænt] [kəmpléin]

I can't complain.을 줄인 표현이다. '불평을 할 수 없다'는 뜻이나 뒤집어 말하면 '좋다', 더 정확히 표현하면 '그럭저럭 잘 지내고 있다'는 정도의 뉘앙스를 주는 말이다. 일상의 안부를 물을 경우에 흔히 쓰는 말이다. (I have) nothing to complain about.도 같은 의미로 많이 쓰인다. 'So so.'도 비슷한 의미의 표현이다.

Can't complain.보다 더 좋은 상태를 표현하려면 Couldn't be better.(더 좋을 수가 없어요.), Super.(최고야.), Pretty good.(꽤 괜찮아.) 등을 쓴다.

A : How are things going?
B : Can't complain.

> A : 어떻게 지내?
> B : 잘 지내고 있어.

A : How have you been?
B : Can't complain. How about your business?
A : Pretty good. How about yours?
B : A little slow because of the recent recession.

> A : 그동안 어떻게 지냈니?
> B : 그럭저럭 지내고 있어. 자넨 사업이 어떤가?
> A : 괜찮은 편이야. 자넨 어때?
> B : 최근 불경기 때문에 좀 부진해.

# 8 I'll survive.  괜찮아요, 견딜 만해요.

[ail] [sərváiv]

Survive의 일반적인 의미는 '(대단히 위험한 상황에서) 살아남다'이다. 생존 경쟁의 법칙에서 그 유명한 The survival of the fittest.(적자생존)나 전자오락 게임 등에 등장하는 Survival game에서 보는 바와 같이 이 단어는 상당히 무겁고 심각한 말이다.

그러나 일상생활에서 흔히 쓰이고 있는 I'll survive.라는 표현은 문자 그대로 '살아남을 거예요'라는 의미가 아니다. 상대방이 어떤 일에 대하여 걱정을 해주었을 때 상대를 안심시키기 위해 '괜찮아요, 지낼 만합니다, 견딜 만합니다' 정도의 가벼운 의미로 사용된다. I'll live.도 같은 표현이다.

**Dialog 1**

A : I'm sorry. I didn't mean to hit you.
B : It's O.K. I'll survive. It's only an accident.

　A : 죄송합니다. 일부러 부딪친 것은 아닙니다.
　B : 괜찮아요. 견딜 만해요. 별것 아닌 걸요.

**Dialog 2**

A : Did you hurt yourself when you fell?
B : Oh, don't worry. I'll survive.

　A : 떨어졌을 때 다치지 않았나요?
　B : 아, 너무 걱정 마세요. 괜찮아요.

# 9 Oh, yes.

정말 그래요, 그렇고말고요.

[ou] [jes]

감탄사인 Oh가 yes 앞에 붙음으로써 강력한 긍정의 기분을 나타내는 표현이다. 우리말로 표현하면 '네, 그러죠, 그렇고말고요'라는 의미로, 상대방의 제안에 대하여 강한 동조나 동의를 나타낸다. Sure!라고 해도 좋고, Why not? 이라고 해도 같은 의미의 훌륭한 표현이 되는데, 이 경우에는 더 강력한 긍정의 표현이다. 이와는 반대로 강한 반대를 나타내는 부정의 표현은 No, I'm not.이다.

---

**Dialog 1**

A : Will you go with me to the party?
B : Oh, yes.

A : 나와 함께 파티에 갈래?
B : 그렇고말고.

---

**Dialog 2**

A : Are you hungry?
B : Oh, yes.

A : 배가 고파요?
B : 네, 정말 그래요.

---

Oh, yes ~ ♥

# 10 Kind of.  조금은 그렇습니다.

| [kaind] [əv]

Kind of.는 부분적인 긍정의 표현으로서 긍정의 정도가 아주 약하다. Kind of.의 본뜻은 '어느 정도, 다소, 얼마간 rather; in a certain way'이다. I'm feeling kind of tired.는 '나는 좀 피곤하다'라는 뜻이고, She kind of hoped be invited.는 '그녀는 초대 받기를 바라는 마음이 조금 있었다'라는 뜻이다.

Sort of도 같은 의미로 사용되는 긍정적 표현이지만 부분적인 긍정으로, 어떤 의미에서는 오히려 부정에 가까운 소극적인 의미를 포함하고 있다.

---

 A : Do you like what you are doing in school?

B : Kind of.

> A : 학교에서 하시는 일을 좋아하세요?
> B : 조금은요.

---

 A : What do you think about all these new laws? Do they worry you?

B : Kind of.

> A : 새로 만들어진 법에 대해 어떻게 생각하세요? 그것 때문에 걱정스러우세요?
> B : 조금은 그렇습니다.

# 77 Got it. | 알았어요.

[gat] [it]

구어 영어에서 casual하게 사용되고 있는 Gotcha!나 I got you.와 같은 의미로서, 상대방의 이야기나 명령, 지시 등을 알아챘다는 뜻이다. I got it.이 줄어서 된 말로 Understand.보다 약간 가벼운 표현이다. 기본 동사 get이 가지는 의미는 참으로 다양하다. Have, do, make 등 기본 동사의 다양한 의미를 익히는 것은 영어회화가 유창해지는 지름길이다.

**A : I want this done now! Understand?**
**B : Got it.**

    A : 이 일을 당장 해치워! 알았나?
    B : 알았어요.

**A : We must do everything to prevent it from happening again.**
    **Do you understand what I'm saying to you?**
**B : Got it.**

    A : 이런 일이 다시는 일어나지 않도록 조치해. 알아들었나?
    B : 알겠습니다.

# 12 What else?

물론이지.

[hwat] [els]

상대방에 대해 다소 빈정대는 듯한 이 표현은 What else would I be doing?(그것 말고 할 게 뭐가 있나?)이 줄어서 된 말이다. 상대방이 못 믿어 묻는 듯한 질문에 다소 기분이 상한 듯한 느낌으로 대꾸하는 표현이다. '물어서 뭣해, 물론이지'로 해석할 수 있다.

Of course.나 Naturally.와 비슷한 뉘앙스의 표현이다. 그러나 일반적으로 쓰이는 What else?의 용법은 "또 무엇을…?"이라는 의미로 더 많이 사용된다.

---

**Dialog 1**

A : Do you want some pizza?
B : What else?

A : 너, 피자 좀 먹을래?
B : 물론이지.

---

**Dialog 2**

A : Is baseball your favorite sport?
B : What else (is there)?

A : 야구가 네가 좋아하는 운동이니?
B : 그럼. (야구 말고 또 뭐가 있니?)

# 13 Love it! 아주 좋은데!

[lʌv] [it]

미국인들은 I love it!을 줄여서 그냥 love it!이라는 말을 즐겨 사용하고 있다. 자신의 물건이나 소지품에 애착을 갖는다는 뜻이다. '좋아한다'는 뜻으로는 보통 like를 쓰나 회화에서는 love를 사용하여 '대단히 좋아한다'라는 강한 의미를 준다.

또한 I had a lovely time.이라고 하면 "즐거운 시간을 가졌다"는 말이 된다.

---

**Dialog 1**

A : What do you think of this car?
B : Love it! It's really cool!

A : 이 차 어때?
B : 아주 좋은데! 정말 근사해!

---

**Dialog 2**

A : What a joke, Tom!
B : Yes, loved it!
C : Gee, thanks.

A : 톰, 아주 멋진 농담이야!
B : 아주 좋아.
C : 그래, 고마워.

# 14 Never better.

아주 좋습니다.

[névəːr] [bétər]

**N**ever better.를 직역하면 '더 이상 좋을 수가 없다'이다. 현재의 상태 (건강이나 일 등)가 최고라는 아주 긍정의 표현이다.

상대방이 How have you been lately?(요즘 어떠세요?)라고 물어왔을 때 Never better, Thanks.라고 하면 "덕분에 아주 잘 지내고 있습니다"라는 아주 긍정의 말이 된다. Never been better가 줄어서 된 표현이다.

Dialog 1

A : How is your business?

B : Not bad. How about yours?

A : **Never (been) better.**

A : 요즘 사업 어떠세요?
B : 괜찮습니다. 당신은 어때요?
A : 아주 잘 돼 갑니다.

Dialog 2

A : How are you doing, Jim?

B : **Never better.** How about you?

A : So so.

A : 짐, 요즘 어때?
B : 아주 좋아, 넌?
A : 그저 그래.

# 15 No doubt. | 확실히 그래.

[nou] [daut]

**다**른 사람의 의견을 듣고 강한 동의나 찬성의 뜻을 나타내는 이 표현은 우리말로 하자면 '그래, 틀림없어, 확실히 그래' 정도의 의미이다. No doubt about it.이 줄여진 표현이다.

그러나 문장 앞에서 No doubt.가 수식되는 경우는 I think, I agree. 정도의 뜻 인 부사로 쓰인다. No doubt you'll be in the office tomorrow.는 I expect you'll be there.(내일 사무실에 계실 거지요?)정도의 뜻이 된다.

유사한 표현으로는 Without a doubt., I don't doubt it., No doubt about that. 등이 있고, 반대 표현은 That's doubtful.이다.

---

**Dialog 1**

A : That was a long and boring meeting.
B : No doubt about it.

　A : 참 지루하고 긴 회의였어.
　B : 저도 전적으로 동감이에요.

**Dialog 2**

A : Mary is giving this party for herself?
B : Yeah, she'll expect us to bring gifts, no doubt.

　A : 메리는 자기 스스로를 위해서 이 파티를 여는 거지?
　B : 그래, 틀림없이 우리가 선물들을 가지고 오기를 기대하고 있을 거야.

2

# 부정과 유보의
# 두 단어 표현

Could be
No way!
Fat chance
Forget it
Not me
Nothing much
You're joking
Not really
Search me
Not again!
No deal
You couldn't
We're history
Heaven(s) no!
Afraid not

# 7 Could be.

글쎄, 그럴 수도 있지.

[kud] [bi]

비록 있을 수 있는 일이지만 잘 믿어지지 않는 경우 불신과 의혹의 표시로 '글쎄 (그럴 수 있을까?)'라고 하는 영어 표현이 바로 Could be.이다. That could be true.가 줄어서 된 말이다.

예를 들어 가난뱅이 친구가 갑자기 70평짜리 고급 아파트에 입주한다는 이야기를 들었을 때, 믿기지 않아서 Could be but I heard he's deep in debt.(글쎄, 듣기로는 빚이 많다던데.)라는 표현이 가능한 것이다.

Could be.와 비슷한 뉘앙스를 가진 단어 중에 Maybe.나 Possibly.가 있는데 같은 말만 반복하지 말고 셋을 번갈아 가며 쓰면 듣기 좋다. 믿겨지지 않아 확실하게 Yes.나 No.를 쓸 수 없는 경우에 사용하기 편리한 표현들이다.

---

A : Mary is going to get married to a 50 years old millionaire.

B : Could be. (She always talks about money.)

> A : 메리가 50살 된 백만장자와 결혼한대.
> B : 그럴 수도 있지. (그 여자는 늘 돈 이야기만 하니까.)

A : Mr. Kim says he can't come to the house-warming party.

B : What's the trouble?

A : He says he has a headache.

B : Could be. (But he is always making some excuse.)

> A : 미스터 김은 집들이하는 데 못 오겠다고 하더라구.
> B : 무슨 일이 있대?
> A : 두통이 있다나.
> B : 글쎄. (하지만 그 친구는 늘 핑계가 많아.)

# 2 No way!

안 돼, 그럴 리가 없어.

| [nou] [wei]

**격**의 없이 사용하는 부정의 표현으로서 상대방의 주장이나 제안 등을 강력하게 부정할 때 쓰는 표현이다. 상대방에게 짧고 강한 부정을 할 때 쓰면 아주 적절한 표현이 된다.

여기에서 way는 방법이나 수단의 의미를 가진 명사로, No way.라고 말하면 '도저히 방법이 없다'라는 의미의 강한 부정 표현이 된다. There is no way that the answer will be yes.(yes로 대답할 방법이 도저히 없다.)라는 표현이 줄어서 된 것이라고 생각하면 된다.

---

**Dialog 1**

A : Will you lend me $100?

B : No way!

A : 100 달러만 빌려 줄래?
B : 안 돼.

---

**Dialog 2**

A : I heard he failed the entrance exam.

B : No way!

A : 그 친구 입학시험에 떨어졌다는군.
B : 절대 그럴 리가 없어. ('그렇게 실력 있는 친구개'라는 뉘앙스가 포함되어 있다.)

# 3 Fat chance.

가능성이 없어요.

[fæt] [tʃæns, tʃɑːns]

Fat에는 여러가지 뜻이 있는데 형용사로서 '큰big, great'이라는 의미를 포함하고 있다. 그래서 Fat chance.라고 하면 단어 자체는 '많은 기회'라는 긍정적 의미가 될 것 같지만, 실제 대화에서는 오히려 반어적인 Little or no.의 뜻으로 쓰이고 있다. 그래서 There is a fat chance of meeting him.이라고 하게 되면 "그 사람을 만날 가능성이 희박하다"라는 의미가 된다.

회화에서 Fat chance.는 Slim chance., No chance.와 마찬가지 용도로 쓰이나, No chance.보다 오히려 더 강한 부정의 표현이 된다.

---

**Dialog 1**

A : He says he can beat you easily.

B : Ha! Fat chance!

> A : 그 친구는 널 쉽게 이길 수 있다던데?
> B : 하. 어림도 없는 소리.

---

**Dialog 2**

A : Do you think president Trump will be re-elected?

B : Fat chance.

A : How come?

B : Many scandals brought down his image.

> A : 트럼프 대통령이 재선되리라고 생각하세요?
> B : 가능성이 희박해요.
> A : 왜요?
> B : 많은 스캔들 때문에 이미지가 나빠졌어요.

# 4 Forget it.  말도 안 돼.

[fərgét] [it]

$F$orget it.을 문자 그대로 직역하면 '잊어버려'인데 말하자면 '없던 것으로 합시다!'라는 의미의 강한 부정 표현이다. 어차피 No.이기 때문에 질문 자체조차 잊어버리는 것이 낫겠다는 냉소적인 느낌이 강한 부정형이다.

Forget it.은 명령형이기 때문에 공식적인 자리나 윗사람에게 사용하기에는 표현이 너무 강하고 불손한 느낌을 주므로 사용에 주의를 요한다. Forget (about) it.이 줄어서 된 표현으로 Never mind!와 같은 의미로 쓰이기도 한다. No의 정도가 상당히 강한 부정의 표현이므로 아주 친밀한 사이나 서로 신뢰할 만한 관계일 때만 사용 가능한 표현이다.

Dialog 1

A : Why don't you ask Jane to go to the party?

B : Forget it! She's not my type.

> A : 제인에게 파티에 가자고 하면 어때?
> B : 말도 안 되는 소리! 그 여자는 나와 전혀 맞지 않아.

Dialog 2

A : Why don't you ask for a raise? After all, you worked there for 10 years.

B : Forget it! (I don't want to risk losing my job.)

> A : 왜 너는 봉급 인상을 요구하지 않니? 그곳에서 10년 동안이나 일을 해 왔는데 말이야.
> B : 그냥 잊어버리자. (난 일자리를 잃고 싶지 않으니까.)

# 5 Not me.

난 싫어.

[nat] [mi]

**여**러 사람이 모인 자리에서 어떤 제안에 대해 모든 사람이 동의했지만, 무슨 특별한 이유나 개인적인 입장 때문에 도저히 동의할 수 없는 경우가 있다. 이 럴 때 쉽게 쓸 수 있는 유용한 표현이 Not me.이다.

'나를 빼 달라'는 의미로 이와 유사한 표현에 Count out.이 있는데 Count me out.이라고 하면 '나를 제발 제외시켜 줘'라는 뜻이 된다. 반대로 Count me in.이 라고 하면 '나 좀 끼워 줘'라는 뜻이 된다.

---

**Dialog 1**

A : Everybody wants to go swimming.

B : Not me. I'm a bit behind in my studies.

A : 모두들 수영하러 가고 싶어 해.
B : 저는 싫어요. 공부가 너무 밀려 있어요.

---

**Dialog 2**

A : Will you join our summer camp?

B : Not me.

A : 우리 여름 캠프에 같이 갈래?
B : 싫어, 난 빼 줘.

# 6 Nothing much.

별일 없어. 그저 그래.

[nʌ́θɪŋ] [mʌtʃ]

**상**대방이 안부를 물어 왔을 때 특별한 일이 없는 경우 쉽게 쓸 수 있는 표현이다. 좀 더 구체적인 표현으로는 Nothing much besides work.(매일 하는 일 말고는 특별한 게 없어.)가 있다.

비슷한 표현으로는 Same old thing.(매일 그 타령이지.), I'm just taking one day at a time.(한꺼번에 하루씩 보내고 있어., 하루하루를 그럭저럭 보내고 있어.) 등이 있다. Nothing much. 대신 Not much.라고 해도 상관없다.

---

**Dialog 1**

A : Hi, Jack. What's cooking?

B : **Nothing much.** How about you?

> A : 어이, 잭. 어떻게 지내?
> B : 별일 없어. 넌 어때?

---

**Dialog 2**

A : Steve, what are you doing these days?

B : **Nothing much.** I'm just taking one day at a time.

> A : 스티브, 요즘 어떻게 지내고 있어?
> B : 별일 없어. 그저 하루하루를 보내고 있지.

---

\* What's cooking?은 미국인들이 즐겨 쓰는 표현이다. 서부 개척 시절 스토브 위에 무언가를 올려놓고 요리하고 있는 어머니에게 아이들이 '엄마, 무슨 요리를 하고 있어요?'라고 물은 데서 연유한 것이다. 그러다가 의미가 발전하여 요즘에는 What's happening?, How's everything 또는 What's up? 등의 인사말로 널리 쓰이고 있다.

# 7 You're joking.

[juə:r] [dʒoukiŋ]

**상**대방의 말이 믿기지 않을 때 '농담이겠지, 정말?' 정도로 상대에게 반문하는 투의 말이다. No kidding.과 비슷한 뜻의 표현이다. 같은 의미로 쓸 수 있는 표현으로는 You are not telling the truth.(사실이 아니겠지.), You must be kidding.(농담하고 있는 거겠지.) 등이 있다.

---

**Dialog 1**

A : I bombed the final exam.

B : You're joking.

> A : 난 마지막 시험에서 낙방했어.
> B : 농담이겠지!

---

**Dialog 2**

A : You know, I got my walking papers today.

B : You're joking. I can't believe my ears.

A : I really mean it. My boss says I'm always complaining.

B : Is that true? Then what will you do?

> A : 나 말이야, 오늘 해고당했어.
> B : 농담이겠지. 믿을 수가 없는데 그래.
> A : 정말이야. 사장은 내가 늘 불평불만만 한다는군.
> B : 정말이야? 그럼 앞으로 어떻게 할 거야?

---

\* bomb은 구어 영어에서 fail과 같은 의미이다.

\* walking paper는 '해고 통지'라는 뜻인데 해고 통지를 받으면 사무실을 걸어 나가 회사를 그만둔다는 데서 연유한 단어이다.

One or two word expressions

# 8 Not really. 사실은 그렇지 않아.

[nat] [rí:-əli]

'사실은 그렇지 않아'라는 뜻의 Not really.는 No.라고 대답할 수 없는 처지이거나 대답하고 싶지 않지만 솔직히 기분이 좋지 않을 때 쓰는 표현이다. 미묘한 감정을 포함하고 있기 때문에 상황에 따라 적절히 사용하면 회화가 더 깊이 있게 된다.

정치를 한답시고 국회의원 선거에서 세 번이나 낙선해 가산만 탕진한 아버지를 두고 사람들이 Is your father a politician?이라고 물어 왔을 때 Not really.라고 대답하는 경우로 완곡한 부정의 표현이다.

 Dialog 1

A : Is your uncle a writer?

B : Not really.

A : 네 삼촌 작가라며?
B : 사실 그렇지도 못해. (명색이 작가지 별 작품도 없고 밥벌이도 못 해)

 Dialog 2

A : Is Mr. Kim a billionaire? I heard he made a fortune in real estate speculation.

B : Not really. He really got his fingers burned when he bought the stock.

A : 미스터 김이 억만장자라며? 부동산으로 한 밑천 잡았다고 들었는데.
B : 사실은 그렇지도 않아. 그 사람 주식을 해서 혼났어.

# **9** Search me.

난 몰라요.

[səːrtʃ] [mi]

Y ou can(may) search me.에서 앞부분을 생략하고 그냥 Search me.라고 줄여 말한다. Search는 '수색하다, 찾다, 뒤지다'라는 뜻이므로 '뒤져 봤자 자기는 알 바 아니다'라는 의미에서 "난 몰라요"라는 뜻이 된 것이다. 이 표현은 구어 영어에서 쓰이며, 문어적으로는 I don't know. 보다는 sarcastic한 How should I know?가 된다.

'무슨 일이야?'라는 의미로 What's up?, What's cooking?, What gives?라고 물어 올 경우 '내가 어떻게 알아?'란 뜻으로 'Search me.'라고 대답하면 훌륭한 구어 영어가 된다.

 Dialog 1

A : What kind of paint should I use on this fence?

B : Search me.

> A : 이 담장에 어떤 페인트를 칠할까?
> B : 난 잘 몰라.

 Dialog 2

A : People say that Steve and Mary broke up.

B : That's too bad. They were a good couple. Why do you think they split up?

A : Search me.

> A : 스티브와 메리 부부가 헤어졌다더군?
> B : 그것 참 안됐군. 좋은 한 쌍이었는데, 왜 헤어졌을까?
> A : 난들 알겠어?

# 10 Not again!  참 귀찮게 하는군.

[nat] [əgén]

**일**상회화에서 자주 쓰이고 있으면서도 지나치기 쉬운 단어 중의 하나가 이 again이다. Not again!을 글자 그대로 해석하면 '다시 하지 말았으면…'이 되므로 '성가심, 귀찮음'의 뉘앙스를 가지고 있다. 그래서 Not again!은 "참 성가시게 구는군!, 귀찮게 하는군"이란 의미가 된다.

조금 전에 문을 열어 주었는데 금방 또 누군가가 문을 두드린다. 이때 '참 성가시게 하는군' 하는 기분으로 쓸 수 있는 표현이 바로 이 Not again!이다.

---

**Dialog 1**

A : Will you lend me $10?

B : Not again!

A : 10달러만 빌려 줄래?
B : 참 귀찮게 하시는군.

---

**Dialog 2**

A : Oh, not again! Who could that be?

B : It's bound to be your dad.

A : (문 두드리는 소리에) 어휴, 귀찮아. 이번에는 또 누구야?
B : 보나마나 네 아빠일걸.

# 77 ▪ No deal.

안 돼요. 말도 안 되는 소리야.

[nou] [di:l]

It's a deal.(좋습니다.)에서 deal의 뜻이 '쌍방이 공평하게 상대방의 의견을 수용하겠다는 승낙의 의사 표시'라면 No deal.은 한마디로 거절하는 말이다. 데이트를 신청하는 남자에게 No deal.이라고 대답하면 보기 좋게 퇴짜 놓는 결과가 되는 셈이다.

이와 비슷한 표현에 "말도 안 되는 소리, 당치도 않아"라는 의미의 Not on your life.가 있는데, 이것은 No deal.보다 그 부정의 의미가 훨씬 강하다.

---

A : I'll lend you my car for a week and you lend me yours.
B : No deal!

A : 내 차를 너에게 일주일동안 빌려 줄 테니, 너도 나에게 네 차를 일주일 동안 빌려 줄 수 있겠지.
B : 말도 안 되는 소리.

---

A : Would you help me with my homework?
B : Are you having problems again?
A : If you help me one more time, I will give you 2 dollars.
B : No deal. It's too cheap. You know, time is money itself.

A : 내 숙제 좀 도와줄래?
B : 또 문제가 생겼어?
A : 한 번만 더 도와주면 2달러 줄게.
B : 관둬. 너무 싸. 너, 시간이 돈이라는 것 모르니?

# *12* You couldn't.  그래서는 안 돼.

[juː] [kúdnt]

**상**대가 하려는 행동을 만류하는 말로 You couldn't do that!이 줄어서 된 표현이다.

같은 뜻으로 You wouldn't (do that.)!와 You shouldn't!를 쓰기도 한다. 강력한 만류나 제지의 뜻을 담고 있는 표현이다.

A : I'm going to run away from home!

B : You couldn't.

> A : 나 가출해 버릴까?
> B : 너, 그래서는 안 돼.

A : I love him, but my father doesn't like him. I'm going to run away.

B : You couldn't!

> A : 나는 그를 사랑하는데 아빠는 그를 싫어해. 나, 도망가 버릴까 봐.
> B : 너, 그러면 안 돼!

You couldn't !

# 13 We're history.

[wiə:r] [hístəri]

국인들은 무엇이 '끝났다'라고 할 때 history라는 단어를 비유적으로 자주 쓴다. 왜냐하면 역사란 그 자체가 '흘러가 버리는 것'이고, 역사라는 속성 자체가 '이미 끝나 버린 상태'를 나타내기 때문이다.

It's over.나 You're history.라고 하면 "너는 이제 끝났어"라는 말이고, I'm history here.는 "나는 여기서 별 볼 일 없게 됐다"라는 뜻이다.

또한 어떤 일이나 사람(특히 연인)을 까맣게 잊어버렸다는 표현을 할 때 ancient history라고도 표현한다. Bob? I never think about Bob anymore. He's ancient history.라고 하면 "밥이라고? 더 이상 생각하지 않아. 잊어버린 지 오래야"라는 뜻이야.

---

**Dialog 1**

A : Why are you so upset?
B : What do you care?
A : You are my friend.
B : It's over between us. We're history!

A : 왜 그렇게 화가 났어?
B : 네가 무슨 상관이야?
A : 너는 내 친구잖아?
B : 우리 사이는 끝났어. 끝났다구.

# 14 Heaven(s) no!

아니오, 천만에.

[hévən] [nou]

Heaven은 Thank Heavens!(정말 고마워, 고맙기도 해라.)에서와 마찬가지로 '강조'의 뜻으로 자주 사용된다. 우리말에서도 '하늘에 맹세코'라는 말을 쓰는 것과 마찬가지다.

Heaven(s) no!는 상대의 질문에 대해 부정하는 표현이며 Good Heavens!는 '큰일났군, 저런, 어쩌나!'의 의미로, 놀라거나 안타까워할 때 쓰는 말이다. Heavens는 H가 대문자로 쓰인다는 데 주의해야 한다.

Heavens forbid!(그런 일이 절대 없기를!), Heavens know.(하늘만이 알지.), By Heavens!(맹세코., 필히) 등 강조의 뜻으로 Heavens를 사용한 표현이 여러 가지 있다.

---

**Dialog 1**

A : Do you ever buy anything from catalogs?

B : Heaven(s) no!

A : 선전 카탈로그를 통해서 물건을 산 적이 있나요?
B : 천만에요. 없습니다.

---

**Dialog 2**

A : Do you think she told a lie?

B : Heaven(s) no!

A : 그 여자가 거짓말을 했다고 생각하니?
B : 아니.

# 15 Afraid not.

유감이지만 안 돼.

[əfréid] [nat]

No.라고 대답하는 것보다 완곡한 표현으로, 상대에게 미안함을 나타내는 뉘앙스가 포함된 표현이다. 흔히 회화에서는 I'm을 줄이고 Afraid not.이라고 말한다.

반대로 좋은 일일 때는 I hope…를 쓰는 경우가 많다. 그러나 상대방의 말을 긍정하면서도 유감을 표시할 때는 (I'm) Afraid so.를 사용하는데, "아마 그럴 거예요."라는 뜻이다.

---

**Dialog 1**

A : Can I expect any help with this problem?
B : (I'm) Afraid not.

A : 이 문제 좀 도와주시겠어요?
B : 아마도 안 될 것 같아요.

---

**Dialog 2**

A : Will you join us in the tournament this year?
B : (I'm) Afraid not. I'll be out of town on business.

A : 금년 토너먼트에 출전하세요?
B : 못할 것 같아요. 출장 가고 없을 겁니다.

---

**Dialog 3**

A : Do you have to go right now?
B : (I'm) Afraid so.

A : 지금 당장 가야 하나요?
B : 아마도 그래야 할 것 같아요.

# 3

## 맞장구치는
## 두 단어 표현

That's it
That figures
Of course
With pleasure
My pleasure
Good job
Me, too
You, too
No wonder
Same here
Touch down!
Right on!
Nice job
It's you

# 1 That's it. 그렇지, 잘해.

[ðæts] [it]

That's it.은 일상생활에서 흔히 쓰이고 있는 표현인데 상황에 따라 몇 가지 의미로 구분된다. 우선 상대방을 격려하거나 칭찬할 때 쓰는 That's it.(그렇지.)이다. 두 번째로는 That's all.(그게 전부야.) 또는 I'm finished.(끝났어.)라는 뜻의 용법이다. 졸업 논문을 쓰기 위해 며칠간 밤잠을 설치다가 겨우 마무리를 해놓고 That's it for today.(오늘에야 다 끝냈군.)라고 해방감을 만끽하려 하는 말이 That's it.이다.

세 번째는 문자 그대로 '네, 바로 그거예요'라는 뜻이다. 술집에서 한잔 마신 후 지하철을 타려고 보니 코트를 두고 온 것이 생각나 술집으로 달려가자 술집 주인이 Is this your coat?(이게 댁의 코트입니까?)라고 묻는다. 그때 Yes, that's it.이라고 대답하면 훌륭한 영어가 된다.

**Dialog 1**

A : Do I push down the clutch this way?

B : That's it. You're doing very well for your first time driving.

A : 클러치를 이렇게 누르면 되나?
B : 그렇지! 초보 운전치고는 썩 잘하는데?


**Dialog 2**

A : That's it for today's exercises.

B : What about re-exercising yesterday's?

A : That's it. Let's have it after a 10 minute rest.

A : 이것으로 오늘 연습은 끝이야.
B : 어제 연습을 다시 한 번 해 보는 것이 어떨까요?
A : 그래요. 10분 휴식 후 다시 연습을 해보자.


**Dialog 3**

A : John, here is your money back. Count it.

B : (After counting the money)··· That's it.

A : Now we are even. Thanks for lending.

A : 존, 여기 빌린 돈 돌려줄게. 세어 봐.
B : (돈을 세어 보고)··· 꼭 맞아.
A : 이제 빚진 것은 없어. 빌려줘서 고마워.

# 2 That figures.

그럴 줄 알았어요.

[ðæt] [fígjərs]

Figure는 타동사로서 '계산하다calculate, 어림하다estimate'라는 뜻으로 많이 쓰이고 있으나 자동사로서 That figures.라고 하면 "그럴 줄 알았다, 생각한 대로다"라는 뜻으로, 상대방을 다소 질책하는 뉘앙스를 갖는 말이 된다.

That doesn't figure.라고 하면 "앞뒤가 맞지 않는다, 이치에 어긋난다"라는 뜻이 된다.

---

 Dialog 1

Wife : Do you know what day today is?

Hus. : No, what day is it?

Wife : That figures(sarcastically). You can't even remember our wedding anniversary.

부인 : 당신 오늘이 무슨 날인지 알아요?
남편 : 아니, 오늘이 무슨 날인데?
부인 : 생각한 대로군요. (냉소적으로.) 이젠 결혼기념일도 기억을 못하는군요.

---

 Dialog 2

A : That beautiful girl will be married to a 77-year-old man.

B : That just doesn't figure. How can anything like that happen?

A : 저 예쁜 소녀가 77세나 된 노인하고 결혼한대.
B : 어떻게 그럴 수가 있어?

# 3 Of course.
그렇고말고.

[əv] [kɔːrs]

Of course.는 어떠한 상황에서도 쓸 수 있는 긍정의 표현으로서 '물어 볼 필요도 없는 yes'라는 뉘앙스를 갖는다. 반대말은 Of course.이다.

Of course.는 일상생활에서 쉽게 쓸 수 있는 친숙한 표현이므로 영어회화에 자신이 없는 사람도 확실한 긍정의 표현을 하고 싶을 때는 부담 없이 쓸 수 있다. 말할 때 of course의 course 부분에 스트레스를 두어 천천히 발음하면 좋다. 같은 뜻의 표현으로는 한 단어를 사용한 Certainly.와 Naturally.가 있다.

---

**Dialog 1**

A : Were you busy today?

B : Of course.

A : 오늘 바빴니?

B : 그렇고말고.

---

**Dialog 2**

A : Were you glad to leave?

B : Of course not!

A : 떠나시는 게 기뻤나요?

B : 물론 아니었어요.

# 4  With pleasure.

그럼요.

[wɪð] [pléʒər]

**상**대방의 제안에 전적으로 승낙할 때 쓰는 표현이다. 우리말로 하자면 "기꺼이 해 드리죠, 좋고말고요"에 해당한다.

비슷한 표현에 My pleasure.가 있는데, 이것은 상대방이 고마움을 표시해 오는 경우 사양이나 겸양의 의견을 나타내는 것이다. "별말씀을, 오히려 저의 영광입니다" 정도로 해석할 수 있다. With pleasure.나 My pleasure. 등 두 표현 모두가 Okay.보다 더 적극적이고 긍정적인 의미를 지닌 말이다.

---

**Dialog 1**

A : Could you please mail these letters?

B : With pleasure.

　　A : 이 편지들 좀 부쳐 주실래요?
　　B : 그럼요.

---

**Dialog 2**

A : Will you pass the Chinese dumplings?

B : With pleasure.

　　A : 저 중국 만두 좀 주시겠어요?
　　B : 그럼요.

# 5 My pleasure.

 기꺼이, 천만에요.

[mai] [pléʒər]

그냥 간단히 Okay.(좋습니다.)라고 해도 되나 더 긍정적이고 공손한 느낌을 상대방에게 전해 주고 싶을 때는 My pleasure.라고 말한다. My pleasure. 는 It's my pleasure.가 줄어서 된 말이다.

선물을 받은 상대방이 고마움을 표시해 올 때 보통 You're welcome.(천만에요.)이라고 대답하는데, 이 경우 더 강렬하게 "선물하고 싶었다"는 말을 하고 싶다면 My pleasure.를 쓰는 것이 좋다.

앞에서 설명한 바와 같이 With pleasure.는 상대방의 제의에 '승낙'을 뜻하는 반면 My pleasure.는 적극적인 승낙의 뜻이나 상대방의 고마움 표시에 대해 '천만에요' 정도로 사양하는 의미를 내포하고 있다.

A : Would you give me a hand?
B : **My pleasure.**

A : 절 좀 도와주시겠어요?
B : 네, 기꺼이.

A : Thank you very much for your Christmas gift.
B : **My pleasure.**

A : 성탄 선물 정말 고마워요.
B : 천만에요.

# 6 Good job.

잘했어.

[gud] [dʒab]

**상**대방에 대한 칭찬의 말로 '잘했어, 좋았어'라고 하는데, 여기에 해당하는 표현은 Good job.이다. '좋은 직업'으로 해석하기 쉽지만 회화에서는 '잘된 일'이라는 의미로 사용된다. It's a good job.이 줄어서 된 표현이다.

이것은 주로 선생님과 같은 윗사람이 아랫사람에게 쓰는 말로, Nice job!도 같은 뜻이다. 또 다른 유사 표현으로 Good for you!라는 말이 있는데 '장하다, 잘했다, 기특해"라는 뜻이다. 영국에서는 Well done!, Bravo! 등을 쓴다.

---

**Dialog 1**

A : I told him what I thought of his rotten behavior.

B : Good job! He really needed it.

> A : 그의 고약한 버릇에 대해 내가 느낀 바를 이야기해 줬어.
> B : 잘했어. 그 사람은 정말 이야기를 좀 들어야 한다구.

**Dialog 2**

A : This is my home assignment, sir.

B : Oh, you're finished already.

A : Yes. I finished yesterday.

B : Good job!

> A : 이것이 제 과제예요.
> B : 아니, 벌써 다 끝냈니?
> A : 네, 어제 끝냈어요.
> B : 잘했어.

# 7 Me, too.   | 나도 그래요.

[mi:] [tu:]

**원**만큼 영어 교육을 받은 사람들도 회화를 하면서 흔히 틀리는 표현이 too와 either의 사용법이다. So do I.와 같은 맞장구 표현인 Me, too.는 반드시 긍정문에서만 사용되고, 부정의 맞장구는 반드시 Me, neither.를 써야 한다.

예를 들어 어떤 사람이 시끄러운 재즈 음악을 들으면서 I don't like this kind of music.이라고 했는데 맞장구를 친답시고 I don't like it, too.라고 했다면 broken English가 되고 만다. 이 경우에는 반드시 I don't like it, either.라고 해야 하며, 일상회화에서는 간단히 줄여서 Me, neither.라고 하면 훌륭한 영어 표현이 된다.

---

**Dialog 1**

A : I like this music.
B : **Me, too. (=So do I.)**

A : 나는 이 음악을 좋아해.
B : 나도 그래.

---

**Dialog 2**

A : I don't like this music.
B : **Me, neither. (=Neither do I.)**

A : 난 이 음악이 싫어요.
B : 저도 그래요.

# 8 You, too. 당신도요.

[juː] [tuː]

주말에 만난 친구가 Have a nice weekend.(좋은 주말 되세요.)라고 말을 건네 올 경우 반사적으로 나오는 간단한 표현이 You, too.이다. 물론 Same to you.나 You have a nice weekend, too.라고 길게 말할 수도 있으나 You, too.란 표현이 한결 간편하다.

한편 You, too.에 상대되는 말로 Me, too.(저도요.)라는 표현이 있다. I'm tired of apartment.(나는 아파트 생활에 싫증났어요.)라고 할 경우 이에 동조를 하고 싶으면 Me, too.라고 대답한다. 이 경우 Me, too. 대신 So am I.라고 말할 수도 있는데 이 표현이 더욱 공손하고 품위가 있다.

---

**Dialog 1**

A : (Have a) Happy New Year!

B : You, too.

A : 새해 복 많이 받으세요.
B : 당신도요.

**Dialog 2**

A : Take care.

B : You, too.

A : 그럼 안녕히 가세요.
B : 당신도요.

---

# 9 No wonder.

어쩐지.

[nou] [wʌ́ndə:r]

Wonder란 보통 '정상적인 것을 벗어난 불가사의한 일, 물건, 사람'을 포괄적으로 나타내는 말이다. 그러므로 No wonder.란 '이상할 것이 하나도 없는 상황, 즉 지극히 당연한 것'을 나타낸다. No wonder.는 It is no wonder.가 줄어서 된 표현이다.

**Dialog 1**

A : I'm impressed with your brother's will power.
 He hasn't complained about being hungry for 24 hours.

B : No way! I saw him sneaking food only 30 minutes ago.

A : No wonder, he's not hungry.

A : 나는 네 형의 의지력에 감명 받았어. 24시간 동안 배고프다는 소리를 전혀 하지 않았어.
B : 천만의 말씀이야. 30분 전에 음식을 몰래 먹는 걸 봤어.
A : 어쩐지, 배가 고프지 않았었군.

**Dialog 2**

A : Have you seen Mrs. Kim lately?

B : Yeah, She looks much younger.

A : She had a facelift 3 months ago.

B : No wonder.

A : 너 최근에 김 여사 봤어?
B : 응. 훨씬 젊어 보이던걸.
A : 그 여자 3개월 전에 성형 수술을 했어.
B : 어쩐지.

# 10 Same here.

저도요.

[seim] [hiər]

영어를 전혀 모르는 사람이 O.K.와 Same here. 단 두 마디만 가지고 별 불편 없이 해외여행을 다녀왔다는 이야기를 들은 적이 있다. Same here.는 이처럼 아주 편리한 말이다. 누구와 함께 있을 때 상대방이 하는 말과 자기의 의견이나 생각이 같으면 Same here.라고 맞장구치면 되니까 말이다.

이를 테면 I'd like to have a cup of coffee.(커피 한 잔 주세요.)라고 옆 사람이 말할 때 자기도 커피가 좋으면 Same here.라고 말하면 그만이다.

---

**Dialog 1**

A : I'll vote for Biden instead of Trump.

B : Same here.

> A : 나는 트럼프 대신 바이든에게 표를 주겠어.
> B : 나도.

---

**Dialog 2**

A : I live in Seattle. How about you?

B : Same here.

A : How long have you lived in Seattle?

B : Almost 10 years.

> A : 저는 시애틀에 살고 있습니다. 당신은 어디 사세요?
> B : 저도요.
> A : 시애틀에 산 지 얼마나 되셨어요?
> B : 10년 정도 됐어요.

# 77 Touch down!

와, 만세!

[tʌtʃ] [daun]

Touch down.은 미식축구에서 상대방의 골라인 너머로 공을 터치시킴으로써 득점하는 것을 말한다. 미식축구는 미국에서 가장 인기 있는 스포츠다. 미국 어린이들에게 "커서 무엇이 되고 싶냐"고 물어보면 미식축구 선수가 되고 싶다고 말하는 아이가 제일 많다고 할 정도로 인기가 높다.

Touch down!은 미식축구 시합에서 touch down 순간 팬들이 두 손을 올리고 열광하는 데서 나온 표현으로, 결국 해냈다는 뜻의 '만세!, 그래 해냈어!, 와아!' 정도로 해석하는 것이 좋다. 이때 두 손을 올린 gesture는 굉장한 흥분이나 극도의 행복감, 황홀감 등을 나타내는 body language이기도 하다. Score!도 같은 의미로 사용된다.

---

A : We finally got a check to start our project.

B : Touch down!

  A : 우리 사업을 시작할 수 있는 기금을 얻어 냈어.
  B : 와아, 해냈어!

---

A : Congratulations! You were chosen among one hundred applications for this position.

B : Touch down! All our effort finally paid off.

  A : 축하해요. 당신은 백 명의 지원자 중에서 이 자리에 선택됐어요.
  B : 만세! 드디어 모든 노력이 결실을 보았구나.

# 12 Right on.

그것 참 좋은 생각이군

[rait] [ɔn]

Right on.은 원래 회의 등에서 찬동의 의미인 '옳소, 맞소, 찬성이오'라는 뜻으로 쓰였는데, 구어 영어에서는 말하는 사람을 격려하는 표현으로 쓰인다. That's a good idea.(그것 참 좋아, 맞아, 좋은 생각이군.) 정도의 의미이다. 이 표현은 주로 젊은이들(15~22세) 사이에서 많이 사용된다.

---

**Dialog 1**

A : My parents are gonna be out tonight. Let's have a party at my place.

B : Right on.

> A : 오늘 우리 부모님께서 외출하시니까 우리집에서 파티나 할까?
> B : 그것 참 좋은 생각이군.

---

**Dialog 2**

A : I'm going on a date with my girlfriend tonight.

B : Right on.

> A : 오늘 여자친구와 데이트를 하려고 해.
> B : 그것 참 신나는 이야기군.

---

**Dialog 3**

A : The Doosan Bears killed the LG Twins onesidely in today's match.

B : Right on.

> A : 오늘 게임에서 두산이 LG를 일방적으로 이겼어.
> B : 거 참 통쾌하군

# 13 Nice job.

잘했어, 잘했군.

[nais] [dʒɑb]

**상**대방이 한 일에 대하여 격려하는 표현으로 Nice job.이나 Good job.또는 Nice going.을 쓴다. 다르게 표현하면 That was done well.이라고도 할 수 있다.

그러나 경우에 따라서는 상대방을 비꼬는 투로도 사용되고 있음에도 유의할 필요가 있다. 그런 경우는 우리말의 '자알 했군 그래' 정도의 비아냥거리는 표현이다. 좀 더 구체적으로 말하면 That was poorly done.이란 의미로, 오히려 격려와는 반대의 뜻으로 쓰인다.

**Dialog 1**

A : Well, I'm glad that's over.
B : Nice going, John. You did a good job.

> A : 자, 그 일이 끝나서 정말 기쁘군.
> B : 잘했어, 존. 정말 잘했어.

**Dialog 2**

A : I guess I really messed it up.
B : Nice job, Fred. You've now messed us all up.
A : I'm really sorry.

> A : 나, 정말 일을 다 망친 것 같아.
> B : 자알 한다, 프레드. 넌 지금 일을 엉망으로 만들었어.
> A : 정말 미안해.

# 14 It's you.

아주 잘 어울려.

[its] [juː]

**직**역하면 '그것이 바로 너다'인데, 아주 잘 맞거나 어울릴 때 쓰는 표현이다. 모양이나 스타일이 완전히 닮았거나 어울릴 때 하는 말로 It suits you perfectly.(딱 어울려.), It looks good on you.(잘 어울려.), It is just your style.(네 스타일에 딱 맞는군.)이란 표현과 아주 유사하게 쓰인다. It's you!를 두 번 반복하면, '너무 잘 맞아!'란 의미를 강조하는 표현이 된다.

---

**Dialog 1**

A : How is this dress?

B : It's you!

A : 이 드레스 어때?
B : 바로 네 것이야. (잘 어울린다는 뜻.)

---

**Dialog 2**

A : I'm taking a job with the candy company.

B : It's you. It's you.

A : 나는 과자 회사에서 일할 거야.
B : 너한테 딱 맞는 직업이야. 정말 잘 어울리는 직업이야.

4

# 대화를 원활하게 하는
# 두 단어 표현

Come on
You know…
Bless you
Don't bother
What's new?
Allow me
After you
I'm sorry
You first
Have fun!
Thank goodness
Hang on
Help yourself!
So long
Take care

# 7 Come on.

제발, 자, 잠깐, 야.

[kʌm] [ɔn]

Come on.의 뜻은 '가다, 오다'이다. 하지만 상황에 따라 이 말처럼 다양한 의미로 쓰이는 영어 표현도 드물 것이다.

예를 들면 Come on, that's the third chocolate bar you bought.(그만해, 그 초콜릿을 사면 벌써 세 개째야.)에서는 '만류 내지 견제'의 뜻이고 Come on, you can finish this beer.(이봐, 괜찮아. 이 맥주는 전부 마실 수 있어.)에서는 '권유나 부추김'의 정반대 뜻이 되어 버린다. 그리고 Come on, I don't believe that you were born before the Second World War. You look too young.(정말이에요? 당신이 2차 대전 전에 태어났다니 믿을 수가 없어요. 너무 젊어 보여요.)이라고 할 때의 come on의 의미는 '의구심, 의심'을 나타낸다.

또 당장이라도 싸울 태세로 '자, 덤벼'라고 할 때도 Come on!으로 표현하는데, 이 경우에는 상대의 주의를 촉구하거나 환기시키는 감탄사로 쓰인다.

Dialog 1
A : Sorry. You can't go!
B : Come on. Let me go to the picnic.

A : 미안해. 넌 갈 수가 없어.
B : 제발 나도 좀 가게 해 줘.

Dialog 2
A : (from downstairs) Lunch time!
B : Well, come on. Let's go downstairs.

A : (아래층에서) 점심시간이야!
B : 자, 어서 아래층으로 내려가요.

# 2 You know...

 그러니까, 뭐랄까.

[juː] [nou]

이야기를 하는 도중에 할 말을 생각하는 순간이 있다. 이때 이음말을 집어넣으면 다음 말도 쉽게 나온다. 이럴 때 미국인들이 자주 쓰는 표현이 you know란 말이다. 비슷한 말에는 Well.(저.), Let me see.(보자, 그러니까.)와 you know보다 격식을 갖춘 표현인 you see 등이 있다. 이것들은 말을 이어 나가거나 표현하기 힘든 상황에서 상당히 유용한 표현들로, 회화 중 적절하게 사용하면 원활한 대화를 전개하는 데 좋으나 특별한 의미가 있는 것은 아니다. 또 문장 끝에 놓여 의미를 강조하는 용법으로 쓰일 때도 있다. 그러나 이 경우, 너무 자주 사용하면 상대방을 무시하는 듯한 느낌을 줄 수 있으므로 자주 쓰는 것은 피하도록 하자.

A : Do you always lock your door?

B : Usually. There is a lot of thieves around here, you know.

A : 항상 문을 잠그세요?
B : 보통은 그래요. 이 근처에는 도둑이 많잖아요.

A : How do you like your new home?

B : I love it. But the house needs a little work.

A : What kind of work?

B : Oh, the things you usually do when you move into a house, you know… putting up new wall paper in the kitchen, buying new carpet and stuff like that.

A : 새로 이사한 집은 어때요?
B : 좋아요. 좀 손볼 일이 있기는 하지만.
A : 무슨 일인데요?
B : 아, 이사를 하면 흔히 있는 일이죠. 그러니까 부엌의 벽지를 새로 한다든가 새 카펫을 산다든가 하는 것 말이에요.

\* you know는 '그것도 모르세요?' 라는 뉘앙스

# **3** Bless you.

에이쿠, 안됐군요.

[bles] [juː]

보통 Bless you!라고 사용되는 이 표현은 God bless you!(신이 그대를 축복하기를!)가 줄어서 된 말이다. 원래 신의 은총이 깃들이기를 기원하는 표현이지만 관용적으로 여러 가지 의미로 사용되고 있다.

우선 상대방의 호의나 친절 등에 대한 감사의 말로 쓰인다. 흔히 거지나 걸인들의 Charity!(적선하십쇼.)라는 말에 동전 몇 개를 던져주면 반사적으로 나오는 말이 이 Bless you!(고맙습니다.)이다.

또한 재채기를 하는 사람에게 Bless you!라고 하면 재채기를 한 본인은 Thank you.로 대답하는 것도 일상생활에서 자주 접하는 영어 표현이다.

---

A : My home is your home.

B : Bless you. I'll never forget your kindness.

> A : 당신 집이나 다름없다고 생각하세요. (편히 쉬세요.)
> B : 고마워요. 친절은 결코 잊지 않겠어요.

A : A-A-A-ATCHOO…! Sneezing all day.

B : Bless you! I hear the flu is going around. Take good care of yourself.

A : Thanks. I'll go home early and get some rest.

> A : 에에에에취…! 이거 종일 재채기군.
> B : 어이쿠, 요즘 독감이 유행이라는데 조심하세요.
> A : 고맙습니다. 집에 일찍 돌아가 좀 쉬어야겠어요.

# 4 Don't bother.

*염려하지 마세요.*

[dount] [báðə:r]

일반적으로 Bother는 '골치 아프게 하다, 괴롭히다'라는 뜻이다. 그러나 '일부러 …하다'라는 뜻이 있어 Don't bother.라고 하면 "걱정 마십시오, 염려마세요"라는 의미가 된다. 그러나 Don't worry.라는 표현에서의 '걱정'보다는 한층 가벼운 뜻으로 사용되고 있다.

Stop bothering me.라고 하면 "괴롭게 하지 마세요"라는 뜻이나 Don't bother to call me.는 '일부러 내게 전화하지 마세요'라는 의미가 되어 '괴롭히다'와는 또 다른 뉘앙스를 가진 표현이 된다.

**A :** Should I put these in the box with the others?

**B :** No, don't bother.

> A : 이것을 다른 것과 함께 상자 속에 넣어야 합니까?
> B : 아뇨, 일부로 그럴 필요까지는 없습니다.

**A :** I'll drive you to the airport.

**B :** Don't bother. We'll catch the shuttle bus.

**A :** But it only runs every thirty minutes. And you have to leave now to catch the airplane.

**B :** O.K. if you insist.

> A : 공항까지 모셔다 드리죠.
> B : 신경쓰지 마세요. 공항버스를 탈 수 있어요.
> A : 공항버스는 30분마다 다녀요. 비행기를 타려면 지금 떠나야 해요.
> B : 그렇다면 좋습니다.

# 5 What's new?

[hwats] [njuː]

W hat's new(with you)?가 줄어서 된 표현이다. 오랜만에 만난 친구에게 간단한 안부를 묻는 말이다. 의례적으로 묻는 인사말이기 때문에 여기에 대해서는 통상 Nothing much.(그대로야), Same as usual.(보통때와 마찬가지야.)로 대답한다.

유사한 표현에는 What's happening?, How is everything (going)?, What's up?, What's cooking? 등이 있다.

---

**Dialog 1**

A : Hi! What's new?
B : Nothing much. What about you?

> A : 어이! 별일 없어?
> B : 그저 그래. 넌 어때?

---

**Dialog 2**

A : What's new, Bill?
B : Nothing much. I'm just taking one day at a time.
A : How about your dad?
B : He's fine.

> A : 빌, 별일 없어?
> B : 별로. 그럭저럭 하루를 때우고 있지.
> A : 아버님은 어떠셔?
> B : 좋으셔.

# 6 Allow me.

*제가 하죠.*

[əláu] [miː]

상대방에게 어떤 행동을 대신 해줌으로써 보다 큰 예의나 격식을 갖추고자 할 경우에 쓰는 표현이다. 예를 들어 손님이 담뱃불을 스스로 붙이려고 할 때 '제가 켜 드리겠습니다'라든가 상대방이 문을 열려고 할 때 '제가 열어 드리죠'라고 말하며 대신 문을 열어 주는 경우에 쓰는 표현이다.

같은 의미로 쓸 수 있는 표현으로는 Permit me.가 있다. 그런데 Allow me.의 경우는 발음할 때 stress(강세)가 뒷부분 me에 있는 반면 Permit me.의 경우에는 중간 부분 mit에 있음을 유의해야 한다.

---

**Dialog 1**

A : Let's go inside.

B : **Allow me**, (please) I'll open the door.

A : 안으로 들어갑시다.
B : 제가 하죠, 제가 문을 열겠습니다.

---

**Dialog 2**

A : I'll pay for the dinner.

B : **Allow me.**

A : 저녁 식사 값을 제가 계산하겠어요.
B : 제가 하죠.

# 7 After you. | 먼저 가시죠.

[ǽftər] [juː]

**실**내에 들어가거나 엘리베이터를 타는 경우 상대방에게 먼저 들어가거나 타도록 권유할 때 쓰는 표현이다. 그러나 꼭 실내나 엘리베이터뿐만 아니라 어떤 행동을 취할 때, 상대방에게 먼저 하라고 권하는 경우에도 두루 쓸 수 있는 표현이기도 하다.

이와 유사한 표현으로 Go ahead, please.가 있으나 After you.가 더 정중한 표현이다. I'll go after you.에서 I'll go를 뺀 말이 After you.이다.

미국에서 엘리베이터를 탈 때 남자는 여자에게, 여자는 노인에게 서로 양보하는 광경을 흔히 볼 수 있다. 이런 경우에는 '먼저 타시죠'라는 의미로 After you, please.란 표현을 많이 쓴다.

---

**Dialog 1**

A : After, please.
B : Thank you.

A : 먼저 타시죠.
B : 고마워요.

**Dialog 2**

A : It's time to get in the food line. Who's going to go first?
B : After you.
A : Thank you.

A : 급식을 받을 시간이야. 누가 먼저 받을까?
B : 먼저 해.
A : 고마워.

---

# 8 I'm sorry. 미안합니다.

[aim] [sɔ́:ri]

의문 부호가 들어가지 않은 I'm sorry.는 물론 '미안하다'는 뜻이다. 그러나 끝에 의문 부호가 붙으면 '상대방의 말을 잘 알아듣지 못했으니 다시 말해 달라'는 뜻이 된다.

'다시 한 번 이야기해 달라'는 표현에는 여러 경우들이 있는데 한마디로 Pardon? 또는 I'm sorry?를 줄여 Sorry?라고 한다.

이와 유사한 표현인 Excuse me.는 끝을 올려 발음해야 '다시 말해 달라'는 뜻이 된다. 그렇지 않으면 그냥 '실례합니다'라는 의미가 된다.

---

**Dialog 1**

A : Oops! I'm sorry.
B : That's all right.
A : I'm terribly sorry.

A : 이크, 죄송합니다.
B : 괜찮습니다.
A : 정말 미안합니다.

**Dialog 2**

A : Would you come to my office tomorrow?
B : I'm sorry? It's noisy in here.
A : I said, "Would you come to my office tomorrow?"
B : Sorry, I can't. I have some previous engagement.

A : 내일 우리 사무실에 좀 와 줄래?
B : 뭐라고? 여기 시끄러워서 잘 들리지 않아.
A : 내일 우리 사무실에 좀 와 줄 수 없냐고.
B : 미안하지만 갈 수 없어. 선약이 있거든.

# 9 You first.

먼저 해 보시죠.

[juː] [fəːrst]

You first.는 상대방에게 어떤 일을 먼저 하라고 권유할 때 쓰는 표현이다. 이와 유사한 표현에 Go ahead.가 있으나 You first. 쪽이 더 강한 권유의 뜻이 내포된 말이다.

After you.도 같은 의미인데 특히 엘리베이터를 타거나, buffet(뷔페) 식사 같은 경우 상대방에게 순서를 양보할 때 사용할 수 있는 표현이다.

---

**Dialog 1**

A : Let's try some of this goose liver.

B : You first.

A : 거위 간 다진 것 좀 먹어 봅시다.
B : 먼저 먹어 보시죠.

**Dialog 2**

A : The water sure looks cold. Let's jump in.

B : You first, Tom.

A : 물이 확실히 차 보이는군. 들어가 보자구.
B : 톰, 네가 먼저 들어가 봐.

# 10 Have fun! 즐겁게 지내세요.

[hæv] [fʌn]

**문**자 그대로 해석하면 '재미를 가져라'라는 이 표현은 가까운 사이의 사람에게 스스럼없이 쓸 수 있는 말이다. Have a good time.이나 Have an enjoyable time.과 같은 뜻이다.

이와 유사한 두 단어 표현으로는 Enjoy yourself!가 있는데, 이 표현은 헤어질 때의 작별 인사로 자주 사용된다.

---

**Dialog 1**

A : Bye, Bill!
B : Have fun.

> A : 잘 가, 빌.
> B : 즐거운 시간 가져.

---

**Dialog 2**

A : I'm leaving for the picnic now.
B : Have fun.

> A : 지금 소풍을 가요.
> B : 재미있게 보내세요.

# 77 Thank goodness.

잘됐군요.

[θæŋk] [gúdnis]

Oh, I am so thankful!(아, 정말 고맙군요!)이란 내용의 두 단어 표현이다. Goodness는 '감탄, 강조'를 나타낼 때 쓰며, 때로는 God 대신에 붙여 쓰기도 한다. Thank heavens!도 같은 내용의 뜻인데, 여기서 heavens도 goodness와 마찬가지로 '강조'의 뜻이다.

---

**Dialog 1**

A : Excuse me. Are these yours?

B : Our tickets! Thank goodness. Thanks very much.

A : (떨어진 표를 주우며) 실례합니다만, 이것 댁의 표입니까?
B : 우리 표입니다. 고맙군요. 정말 고맙습니다.

**Dialog 2**

A : There was a fire on Maple street! But no one was hurt.

B : Thank heavens!

A : 메이플 가에 불이 났는데 한 사람도 다치지 않았대.
B : 정말 고마운 일이군! (다행이로군!)

**Dialog 3**

A : Well, we finally got here. Sorry we're so late.

B : Thank goodness. We were all so worried.

A : 자, 이제야 겨우 도착했군. 늦어서 미안해요.
B : 잘됐군요. 우리 모두 얼마나 걱정했다구.

---

# 12 Hang on.

잠깐 기다려요.

[hæŋ] [ɔn]

Hang on.은 '단단히 매달리다, …을 꽉 붙들다, 견디어 내다hold fast, cling to persevere'라는 의미이다. 그러나 전화 등 상대방과의 대화 중에는 Please wait a while.(잠깐 기다려 주세요.)이라는 의미로 사용된다.

Hang on a minute, Hang on a moment, Hang on a second. 등이 생략된 표현이다. Hang on에는 '살아남다survive'의 뜻도 있는데 We cannot hang on without electricity.(전기 없이는 살 수가 없어.)라는 표현도 있다.

---

**Dialog 1**

A : Oh, Bill.
B : Hang on (a few minute). I'm on the phone.

> A : 오, 빌.
> B : 잠깐 기다려, 나 전화 받고 있는 중이니까.

---

**Dialog 2**

A : Hang on (a moment).
B : What do you want?
A : I want to ask you something.

> A : 잠깐만.
> B : 왜 그래?
> A : 너한테 좀 부탁할 게 있어.

# 13 Help yourself.

마음대로 쓰세요, 드세요.

[help] [juə:rsélf]

손님을 초대해 놓고 '좀 드세요'라고 권할 때 우리식으로 생각해 Please eat.나 Please drink.라고 하면 될 것 같지만 실제로는 그렇게 쓰지 않고 '자기 스스로 어떻게 해 보다'라는 의미인 help를 사용하여 Help yourself!라고 한다. Help yourself!는 음식뿐만 아니라 전화나 기타 물건을 사용할 때도 '…을 마음대로(기꺼이) 쓰십시오'라는 의미로 널리 쓰이고 있다.

뉘앙스가 다소 달라지지만 타인의 물건을 슬쩍 가로채거나 횡령할 경우와 같이 별로 좋지 못한 상황에도 help가 사용되는데, He helped himself to a million dollars.라고 하면 '그는 100만 달러를 횡령했다'라는 뜻이 된다.

---

**Dialog 1**

A : Would you mind if I use this phone?
B : No, not at all. Help yourself!

A : 이 전화 좀 써도 됩니까?
B : 그럼요. 어서 쓰세요.

**Dialog 2**

A : Can I have a drink?
B : Help yourself.

A : 한잔해도 될까요?
B : 네, 드십시오.

# 14 So long. | 안녕, 잘 가게.

[sou] [lɔːŋ]

영어에는 여러가지 작별 인사가 있는데 구어 영어에서 흔히 쓰이는 말이 바로 이 So long.이다. 일반적으로는 Good bye.가 사용되고 있는데 이 밖에 Take it easy.나 Take care. 등도 같은 의미로 쓰인다. 또 Bye-bye나 그냥 Bye! 또는 불어를 사용해서 Bon voyage!라는 표현을 쓰기도 한다.

So long.은 작별 인사로 '안녕히 가십시오'나 '안녕히 계십시오'의 두 경우에 다 쓸 수 있는 표현이며, See you (later).도 많이 사용되고 있다.

Dialog 1

A : We'll see you around.

B : So long.

A : 다음에 만납시다.
B : 안녕히 가세요.

Dialog 2

A : I must be going now. See you next Sunday.

B : So long.

A : 지금 가야겠어요. 다음주 일요일에 만나요.
B : 잘 가세요.

* 최근의 구어 영어에서는 must 대신에 get to가 축약된 gotta가 쓰이는 경향이 있다. I must be going now. 대신 I gotta go now. 표현도 많이 쓰이고 있다.

# 75 Take care. 안녕!

[teik] [kɛər]

**헤**어질 때 '안녕히 가세요, 살펴 가세요' 등의 의미로 흔히 쓰이는 말이 Take care.이다. 이 표현은 Please take good care of yourself.가 줄어서 된 말이다.

헤어질 때의 인사말로 쓰이는 Take care.의 본래 의미는 '주의하라, 조심하라 be careful'이다. 그래서 "조심해!"라고 말할 때도 Take care!라고 한다. Take care (that) you don't catch cold.라고 하면 '감기에 걸리지 않도록 조심하라'는 말이 된다.

**Dialog 1**

A : Take care.
B : Okay. See you next Sunday.

A : 살펴 가세요!
B : 그래. 다음 일요일에 또 봐.

**Dialog 2**

A : How about having lunch together tomorrow?
B : O.K. Let's meet at your office at 12:30.
A : I'll see you tomorrow then. Take it easy.
B : Take care.

A : 내일 점심 함께 하는 게 어때?
B : 좋지. 내일 12시 반에 네 사무실에서 만나자구.
A : 내일 그때 보자. 잘 가.
B : 안녕.

5

# 권고와 충고의
# 두 단어 표현

Grow up!
Think twice
Chill out
Buzz off
Watch out!
Say when
Be punctual!
Stick around
Go ahead
Never mind
Don't panic
Eat up
Cut short

# Grow up!   철 좀 들어라.

[grou] [ʌp]

Grow up!을 육체적으로 풀이하면 '성장하다, 크다'라는 뜻이 되지만 정신적으로 말하면 "철 좀 들어라, 정신 차려라"라는 의미가 된다. 유사한 표현으로는 Act your age.(나잇값 좀 해.), Don't be a child.(애들같이 행동하지 마.) 또는 Don't be silly.(어리석게 굴지 마.)등이 있다.

Come on!도 상황에 따라 '철없이 행동하지 마, 어리석은 짓 하지 마'라는 뜻으로 쓰인다. Come on!을 말 그대로 해석하면 '이리 와'가 되지만 경우에 따라 상대방을 재촉하거나 상대방을 안심시킬 때 등 여러 가지 상황에 쓸 수 있다.

---

**Dialog 1**

A : Dad, I love Jack. I want to marry him.

B : Grow up! Love doesn't feed you. He has been unemployed for many years.

A : But I can't live without him. I'm sure he will be employed soon.

B : Come on, Mary. You'll be sorry if you marry him.

A : 아빠, 저 잭을 사랑해요. 그이하고 결혼하고 싶어요.
B : 철 좀 들어라. 사랑만 가지고 살 수는 없어. 그는 몇 년 동안이나 작업이 없는 실업자야.
A : 하지만 전 그이 없이는 못 살 것 같아요. 곧 취직될 거라고 믿어요.
B : 얘, 메리야. 너, 그 사람하고 결혼하면 후회할 거야.

# 2 Think twice.
잘 생각해 보세요.

[θɪŋk] [twais]

Think twice.는 글자 그대로 '두 번 생각해보세요.'라는 뜻이다. 한 번만 생각하지 말고 다시 한 번 신중하게 생각해서 어떤 일을 결정하여 후회가 없도록 하라는 말이다. 팝송 가사에 Think twice before you answer.라는 노랫말이 있는데, 상대방의 프로포즈에 Yes.라고 답하기 전에 한번 더 신중히 생각해 보라는 내용이다. 이와 유사한 표현에 Think it over.나 Sleep it on.이란 것이 있다. Sleep it on.이란 표현도 무척 재미있는데, 잠자리에서 곰곰이 생각해 보고 결정하라는 뜻이다. Reconsider it.도 비슷한 내용이지만 Think twice.와는 의미상 차이가 난다. Think twice.는 일반적으로 무엇을 결정하기 전이나 벌써 결정했을 때 잘 생각해 보라는 말로 사용할 수 있는데 반해 Reconsider it.은 어떤 일을 결정해 버리고 나서 재고하는 경우에 사용한다. Would you reconsider your decision to quit present job?(직장을 그만두겠다는 결정을 다시 한번 생각해 보지 않겠나?)

Dialog 1

A : I want to marry him.

B : Think twice (about it).

A : 그 사람하고 결혼할래.
B : 잘 생각해 봐.

Dialog 2

A : You'd better work for my company.

B : It sounds great, but I am afraid to quit my present job.

A : Think twice.

B : O.K. I'll give you my decision within this month.

A : 우리 회사에서 일해 보는 것도 좋을 것 같군.
B : 그거 좋은 말인데, 지금 다니는 직장을 그만두기가 두려워요.
A : 잘 생각해 보게나.
B : 좋아요. 이번 달 내에 결정을 알려줄게요.

# 3 Chill out.

진정하세요, 침착하세요.

[tʃil] [aut]

Chill은 '차게 하다make cold'라는 뜻이다. 그래서 Chill out.은 열이 난 사람을 차게 한다는 의미로 '진정하세요, 침착하세요'라는 뜻으로 사용된다. 사람이 흥분하면 이성을 잃기 쉽다. 그럴수록 침착해질 필요가 있는데 이때 요긴하게 쓸 수 있는 말에는 Chill out. 이외에도 Cool down., Calm down., Settle down. 등이 있다. 뜨겁게 흥분하지 말고 좀 머리를 식혀 시원한 상태로 이야기하라는 뜻이다.

그 밖에 Take it easy.도 같은 의미로 사용되고 있다. 또 '진정하라'는 의미로 Hold your horses.도 많이 쓰인다. 이리저리 마구 날뛰는 말을 잡으라는 뜻에서 나온 표현이다.

---

A : I want to quit right now.

B : Chill out. They gave me a 5% raise. But you got 7%.

> A : 당장 사표를 내야겠어.
> B : 진정해. 내 봉급 인상은 5%야. 하지만 자넨 7% 인상을 받았잖아.

A : Get lost! I don't want to see you anymore.

B : Chill out! Just listen to me.

A : Leave me alone. I really want to take a rest.

B : I didn't mean to hurt you. Don't get me wrong.

> A : 내 앞에서 사라지세요. 더 이상 보기도 싫어요.
> B : 진정해. 내 말을 좀 들어보라구.
> A : 나를 내버려 두세요. 쉬고 싶어요.
> B : 당신 감정을 상하게 할 마음은 없었어. 날 오해하지 마.

# 4 Buzz off.  제발 좀 가 줘.

[bʌz] [ɔːf]

Buzz는 본래 벌이 윙윙거리는 소리를 말하는데, Buzz off.는 구어 영어에서 '떠나다go away'라는 의미로 사용되고 있다.

Buzz off.와 유사한 표현에 Get lost!가 있다. 이것은 그 의미가 아주 강력하여, 무척 짜증이 났을 때 신경질적으로 반응하는 말이다. Go away!나 Leave me alone.(나 좀 이대로 내버려 둬.)이라고 해도 그 뜻은 마찬가지이지만 그 강도나 뉘앙스가 조금씩 다르다. Leave me alone.은 거의 애걸 조의 표현이고, Don't bug me.도 최근에 많이 유행되는 재미있는 말이다.

미국에서는 buzz를 '전화 걸다'의 의미로 사용한다. 이는 전화 소리가 벌레 소리와 비슷하다는 데서 나온 말이다. '전화주세요'라는 표현을 ring 대신 Give me a buzz.라고 말한다.

---

 Dialog 1

A : Buzz off! Can't you see I'm busy?
B : Okay. I'll be back tomorrow.

> A : 제발 좀 가 줘. 내가 이렇게 바쁜 게 보이지 않니?
> B : 좋아. 내일 다시 올게.

---

 Dialog 2

A : May I talk with you just for a second?
B : What for?
A : Would you lend me $10 for a week or so?
B : Again? Buzz off.

> A : 잠깐 이야기 좀 할 수 있을까?
> B : 왜?
> A : 10달러를 일주일 정도만 빌려 주겠어?
> B : 또? 제발 좀 가 줘.

# 5 Watch out! 조심해요!

[wɑtʃ] [aut]

Watch out!은 위험한 것을 보았을 때 반사적으로 입에서 튀어나오는 말이다. 또 길을 가다가 남에게 부딪치면 상대방에게 Watch out!이라고 말하는 게 보통이다.

우리말의 '보다'에 해당하는 영어에는 see, look, watch 등이 있는데, 다 같은 '보다'라도 watch는 '주시하다, 계속해 바라보다'라는 뜻이고 look이나 see는 그냥 바라보는 것을 말한다. Watch out! There is a car coming.은 "조심해! 차가 오고 있어"라는 뜻이다.

**Dialog 1**

A : Watch out! There's a pothole in the street.
B : Thanks.

A : 조심해요! 길에 패인 구멍이 있어요.
B : 고마워요.

**Dialog 2**

A : Watch out!
B : Oh, I'm sorry.
A : That's all right. But why are you in such a hurry?
B : I forgot to bring my school bag.

A : 조심해! (상대방에 부딪치면서)
B : 아, 미안해.
A : 괜찮아. 왜 그렇게 서두르는거니?
B : 책가방 가져오는 것을 잊었어.

# 6 Say when.

 됐으면 그만 따르라고 하세요.

[sei] [hwen]

술자리에서 상대방에게 술을 권하면서 '술을 그만 따르라고 말해 달라'고 부탁할 때 쓰는 표현이다. 그러면 상대방은 술이 적당히 부어졌을 때 When. 또는 Enough.라고 한다. 우리 식으로 하자면 Please stop.이라고 해야 할 것 같지만 영미인들은 절대 그렇게 말하지 않는다.

Would you like another drink?(한 잔 더 하시겠어요?)라고 물어왔을 때 그만 하겠다고 사양하려면 No, thanks. I've had enough.(아닙니다, 충분합니다.)나 That's enough.라고 한다.

---

**Dialog 1**

A : Do you want some more juice?

B : Yes.

A : Okay. **Say when.**

A : 주스 좀 더 드릴까요?
B : 네.
A : 됐으면 그만이라고 말하세요.

---

**Dialog 2**

A : Let me pour you some wine. **Say when.**

B : When. Thank you.

A : How do you like it?

B : Excellent. Where did you get it?

A : 네게 포도주 좀 따라 줄게. 됐으면 그만이라고 말해.
B : 됐어. 고마워.
A : 맛이 어때?
B : 아주 좋은데. 어디서 구했어?

# 7 Be punctual!

시간 좀 지켜!

[bi] [pʌ́ŋktʃuəl]

서양 사람들의 기본적인 에티켓은 시간을 지키는 것이다. 그러나 우리 나라에는 Korean time이란 말이 유행할 정도로 시간관념이 없기로 유명하다. 그러나 국제화, 세계화가 이루어지고 있는 요즘에는 이런 Korean time과 같은 악습은 사라져야만 한다.

Be + 형용사는 '…을 해'라는 명령형이다. 따라서 Be prompt.라고 하면 '시간 좀 지켜라'라는 말이 된다. 또 부정형을 써서 Don't be late.나 Don't be tardy.라고 해도 같은 뜻이 된다.

---

A : Be punctual!
B : Sorry. The traffic was so congested downtown.

A : 시간 좀 지켜.
B : 미안해. 시내가 워낙 교통이 막혀서.

A : I'm really sorry for being late.
B : Be punctual! Don't be tardy(late) again.
A : I'll be prompt from now on, sir.
B : Being prompt is a basic etiquette.

A : 늦어서 정말 죄송합니다.
B : 시간 좀 지켜. 다시는 늦지 말게.
A : 앞으로는 시간을 꼭 지키겠습니다.
B : 시간을 지키는 건 에티켓의 기본이야.

# 8 Stick around.

잠깐만 기다리세요.

[stick] [əráund]

Stick around.는 '옆 가까이 있다, 머물러 있다near a place or stay in'라는 뜻이다. AFN TV를 보고 있자면 프로그램 중간에 광고 등을 삽입하면서 Stick around. 혹은 Don't go away. We will be back soon.(기다리십시오. 우린 곧 돌아올 겁니다.)라는 말이 간간이 나온다. 다른 채널로 돌리지 말고 조금만 기다리면 광고가 끝나고 본 프로가 계속될 것이라는 안내의 말이다.

A : Stick around, please.
B : For what?
A : President wants a direct interview.

A : 잠깐 기다려 주세요.
B : 왜요?
A : 사장님이 직접 인터뷰를 원하십니다.

A : I must be going now.
B : Stick around. Dinner is almost ready.
A : O.K. I'll stay here until 8 o'clock.
B : Good. We'll show you today's special.

A : 나 지금 가야해.
B : 잠깐만 기다려. 식사가 거의 다 된 것 같아.
A : 좋아. 8시까지 있을게.
B : 그래. 오늘의 특별 메뉴를 보여줄게.

# **9** Go ahead.

먼저 하세요. 계속하세요.

[gou] [əhéd]

**직**역하면 '앞으로 가세요'이다. 그러나 이 표현은 여러 상황에서 다양한 의미로 쓰이고 있다. 물론 '먼저 가라'라는 뜻으로도 사용된다. 택시를 탈 때 Go ahead.라고 하면 '먼저 타시죠'라는 말이 된다. 노래를 부르면서 Go ahead. 라고 하면 '먼저 노래를 부르시죠'라는 뜻이다.

또 상황에 따라서는 '자, 계속 하시죠<sup>Keep going</sup>'라는 의미로도 쓰이며, "담배를 피워도 좋습니까?"라고 물어오는 경우의 대답으로서 Go ahead.는 "네, 염려 마시고 피우세요."라는 뜻이 된다.

Go ahead with this cake.는 '어서 이 과자를 드세요'라는 뜻이고, Go ahead with this work for another week.는 "이 일을 일주일만 더 계속하세요"라는 뜻이다. Go ahead.를 다른 말로 표현하면 Please do it.(그것을 하세요.)이다.

---

**Dialog 1**

A : Can I put this in the refrigerator?

B : Go ahead.

> A : 이것을 냉장고에 넣어도 되겠어요?
> B : 그러세요.

**Dialog 2**

A : May I smoke?

B : Go ahead.

A : Thank you.

> A : 담배 좀 피워도 될까요?
> B : 네, 피우세요.
> A : 고마워요.

O n e   o r   t w o   w o r d   e x p r e s s i o n s

# 70 Never mind.

걱정하지 마세요, 잊어버리세요.

[névə:r] [maind]

Never mind.는 글자 그대로 '마음을 쓰지 말라'는 뜻이다. 이 표현은 '걱정하지 마, 별거 아니니 잊어버려'라는 의미로 사용되며, 유사한 표현으로는 Don't worry, It's not important. 등이 있다. Never mind.는 자기가 한 말을 취소할 경우에도 쓰는데, 예를 들어 상대에게 어떤 부탁을 했다가 그것을 취소할 때 Never mind.라고 하면 '잊어버려'라는 말이 된다. 이 경우는 Forget it.과 의미가 같다.

A : What did you say?

B : Never mind! It wasn't important.

   A : 뭐라고 했니?
   B : 걱정 마. 중요한 것이 아니니까.

A : I tried to get the book you wanted, but they didn't have it. Shall I try another store?

B : No, never mind.

   A : 원하시는 책을 구해드리려고 했는데 서점마다 있는 데가 없어요.
      딴 곳을 한 번 더 가 볼까요?
   B : 아뇨, 잊어버리세요. (괜찮습니다.)

# 77 Don't panic. 진정해.

[dount] [pǽnik]

Panic의 원래 뜻은 '원인을 알 수 없이 갑자기 퍼지는 공포나 혼란a sudden unreasoning fear spreading among many people'이다. 혼란과 공포 속에서는 마음을 진정시키는 것이 가장 좋은 방법이다. 그래서 Don't panic.이라고 하면 "당황하지 말고 마음을 가라앉히고 진정하라"는 말이 된다.

이와 유사한 표현은 많이 있는데, 그 중 Don't lose your head.라는 재미있는 말이 있다. "머리를 잃지 말라"라는 이 말에서 head는 '침착함'이나 '이성reason'을 가리킨다. Calm down, Relax. 등도 같은 뜻의 말이다.

A : What's the matter?
B : I can't find my car keys.
A : Don't panic. Where did you have them last?
B : Let me see now….

> A : 무슨 일이야?
> B : 자동차 키를 못 찾겠어.
> A : 서두르지 마. 마지막으로 둔 곳이 어딘데?
> B : 글쎄, 어디였더라.

# 12 Eat up!

 다 드십시오.

[iːt] [ʌp]

**여**기서 전치사 up은 '완전히 completely'라는 뜻이다. 그래서 Eat up!은 '다 먹는다 to eat everything'라는 의미를 가지고 있다. 술을 마실 때 쓰는 Bottoms up.도 '바닥까지 다 마셔 버려라'는 말이다.

Up을 붙임으로써 '깡그리' 먹으라는 의미가 되어 '체면 차리지 말고 다 먹어라'라는 뜻으로, 점잖은 표현은 아니다. 따라서 동료나 아랫사람에게 쓸 수 있는 명령의 의미가 강한 두 단어 표현이다.

A : Eat up! Just help yourselves.
B : This is an excellent dinner.

> A : 체면 차리지 말고 다 드세요. 자, 많이 드세요.
> B : 이거 정말 성찬이군요.

A : Eat up, you guys, and get back to work.
B : Yes, sir.

> A : 자, 여러분. 드시고 일을 합시다.
> B : 네, 알았습니다.

# 13 Cut short. 아주 짧게 깎아 주세요.

[cʌt] [ʃɔːrt]

**미**국 출장 중인 한 상사 직원이 머리를 다듬기 위해 이발소를 찾아갔다. 한국에서처럼 "조금만 깎아 주세요"라고 말하는 식으로 Cut short, please. 라고 말했는데, 웬걸 완전히 스포츠형으로 깎아 버렸다는 웃지 못할 이야기를 들은 적이 있다. Cut short.는 '약간만 깎다'가 아니라 '아주 짧게 친다'는 뜻이라는 걸 나중에 알게 된 이 회사원은 정말 값비싼 수업료를 지불하고 영어를 배운 셈이 되었다. 약간만 깎아 달라고 말하고 싶을 때에는 'Just a trim, please.' 라고 해야 한다.

Trim보다 좀 더 많이 자르고 싶으면 Medium cut, please.라고 하며, 그보다 더 많이 치고 싶으면 Short cut, please.라고 말해야 한다. 군대식의 아주 짧은 머리를 원하면 Crew cut, please.라고 표현해야 된다.

**Dialog 1**

A : How do you like your hair done?
B : (Cut) short, please.
A : How about a shave?
B : Not today.

　　A : 머리를 어떻게 해 드릴까요?
　　B : 아주 짧게 깎아 주세요.
　　A : 면도는요?
　　B : 오늘은 그냥 두세요.

**Dialog 2**

A : Do you want a medium cut?
B : No. Just a trim, please.

　　A : 적당히 잘라 드릴까요?
　　B : 아뇨, 살짝 다듬기만 해주세요.

의문의
**두** 단어 표현

Guess what?
Like what?
Regarding what?
How come?
Where to?
What for?
Doing okay?
Anything else?
Any questions?
Says who?
So early?

a b c d e f g h i j k l m n
o p q r s t u v w x y z

a b c d e f g h i j k l m n
o p q r s t u v w x y z

a b c d e f g h i j
k l m n o p q r s t
u v w x y z

# Guess what?

무슨 일이 있었는지 알아?

[ges] [hwat]

**직**역하면 '무엇인지 알아 맞춰 볼래?'가 되는데, 깜짝 놀랄 만한 뉴스를 이야기하기 전에 건네는 말이다. 이와 같은 뜻으로 더 널리 쓰이는 표현에는 You know what?이 있다. 굳이 둘의 차이점을 말한다면 Guess what?쪽이 말하는 사람의 의문의 정도가 좀 더 강하다.

상대방이 깜짝 놀라 뒤로 넘어질 정도의 빅뉴스를 전달하고 싶을 때에는 Are you sitting down?이란 표현을 쓴다. "이런 뉴스가 있는데도 가만히 있겠느냐?"라는 반어적 표현이다.

 Dialog 1

A : Guess what?

B : What?

A : I'm quitting my job today.

B : You're kidding.

> A : 무슨 일이 있었는지 알아?
> B : 뭔데?
> A : 나 오늘 회사를 그만뒀어.
> B : 농담이겠지.

 Dialog 2

A : Guess what?

B : I don't know. What?

A : Mary is going to have a baby.

B : That's great.

> A : 너, 이것 알아?
> B : 몰라. 무슨 일인데?
> A : 메리가 곧 애를 갖는대.
> B : 그것 참 잘됐구나.

# 2 Like what?

그게 뭔데?

[laik] [hwat]

우리말의 '예컨대, 이를테면'에 해당하는 영어 표현은 for instance, say, for example, such as 등 여러 가지가 있다. 그러나 이들 표현은 말하는 사람이 상대방에게 어떤 상황을 설명해 주는 경우에 쓰이는 말이고, 상대방이 말한 사람에게 구체적으로 묻는 경우에는 Like what?을 주로 쓴다.

유사한 표현으로 Give me an example.과 Such as what?이 있으나 일상회화에서는 Like what?이 훨씬 더 많이 사용되고 있다.

A : How about a quiet dinner tomorrow? I have a few things to talk about.

B : Really? Like what?

A : Like our relationship, marriage and things like that.

> A : 내일 조용하게 저녁이나 하는 게 어때? 몇 가지 할 이야기가 있는데.
> B : 그래? 그게 뭔데?
> A : 우리들 관계랑, 결혼 문제 등 그런 것들 말이야.

A : What kind of food do you like?

B : I like hot food.

A : Like what?

B : Well, Korean is my favorite.

> A : 당신은 어떤 종류의 음식을 좋아하세요?
> B : 전 매운 음식을 좋아해요.
> A : 그게 어떤 건데요?
> B : 이를테면 한국 음식 같은 것 말이에요.

# 3 Regarding what?

무슨 일인데요?

[rigá:diŋ] [hwat]

Regard에는 '…와 관련되다related to; concern'라는 의미도 있다. Regarding what?에서 regard의 의미가 그렇게 사용된 것이다. Regarding what?은 What's this regarding?이 줄어서 된 표현이다.

흔히들 비즈니스 중 상대방의 전화를 받고 '용건이 무엇인데요?'라고 물을 경우 Regarding what?을 쓴다. Regarding what?이라고 줄여서 말하면 다소 불손한 느낌을 줄 염려도 있기 때문에 잘 알거나 친밀한 사이가 아니면 What's regarding, please?나 What's it regarding?이라고 물어보는 것이 좋다.

A : We will have a special meeting this evening.

B : Regarding what?

A : Sales strategy in China.

> A : 오늘 저녁에 특별 회의가 있어.
> B : 무엇에 대해서?
> A : 중국에서의 판매 전략에 대해서야.

A : Any messages for me during my absence?

B : President Kang called you.

A : Regarding what?

B : He wanted to talk about the new project.

> A : 자리 빈 동안 연락 온 것 없어?
> B : 강 사장님께서 전화하셨어요.
> A : 무슨 일로?
> B : 새로운 사업 계획에 대해 이야기하고 싶대요.

# 4 How come?
왜요?

[hau] [kʌm]

직역하면 '어떻게 와?'이지만 그런 의미로 사용되지는 않는다. 여기에서 come은 '오다'의 개념으로 쓰인 것이 아니기 때문이다. 동사 come에는 수십 가지의 뜻이 있는데 How come?에서의 come은 '어떤 일이 일어나다happen, occur'정도의 의미이다. 구어 영어에서는 Why?라는 말보다 이 How come?을 더 많이 사용하고 있다.

이 표현은 Why? 또는 How is it that?으로 바꾸어 쓸 수 있다. What for?도 같은 의미로 쓸 수 있으나 이 표현은 상대방의 목적이나 의도를 묻는 구체적인 의문의 표현이기 때문이다.

Dialog 1

A : I have to go to the dotor.

B : How come?

A : I've had a stomachache since this morning.

> A : 병원에 가 봐야겠어.
> B : 왜?
> A : 아침부터 복통이 있어.

Dialog 2

A : I'm going to the States.

B : How come?

A : I got admitted to Harvard University.

B : Really? Congratulations.

> A : 나는 미국으로 가려고 해.
> B : 왜?
> A : 하버드 대학에 입학 허가를 받았어.
> B : 정말? 축하해!

[hwɛəːr] [tuː]

**W**here are you going?이라고 물어보아야 할 것을 그냥 두 단어를 사용하여 Where to?라고 말한다. 언어의 경제성을 단적으로 보여주는 예라고 할 수 있다. Where뿐만 아니라 what, when, who 등의 대명사와 전치사가 간결하게 결합하여 사용되는 표현은 무수히 많은데, 이런 표현들을 이용하면 아주 간편한 영어회화를 구사할 수 있다. 예를 들어 What for?는 For what purpose and reason do you…?를 줄인 말이다. 또 With whom?은 '누구와 함께 …을 하느냐?'라는 말을 간결하게 묻는 표현이다.

---

**Dialog 1**

A : I want to go to a far-out place this summer vacation.

B : Where to?

A : To Bangkok.

> A : 이번 여름휴가는 좀 멀리 떨어진 멋진 곳으로 가고 싶어.
> B : 어디?
> A : 방콕에.

**Dialog 2**

A : Where to?

B : To Jeju Island.

A : With whom and for what?

B : With my wife for sightseeing.

> A : 어디로 가시는 거예요?
> B : 제주도에 갑니다.
> A : 누구와 무슨 일로 가시는 건데요?
> B : 집사람하고 관광차 가는 겁니다.

# 6 What for?

왜냐?

[hwat] [fɔːr]

**왜**냐고 묻는 의문의 표현에는 여러 가지가 있다. Why?가 가장 일반적인 말이지만 How come?도 같은 뜻으로 사용된다. What for?도 같은 의미이지만 다른 것에 비해 '목적purpose'을 강조하는 표현이라고 할 수 있다. For what reason and purpose?의 의미이다. 또한 what for는 속어로 '벌punishment, 매질'이라는 뜻으로도 사용된다. I gave him what for.는 어떤 잘못혜 대한 응징으로 '그 사람을 혼내 주었다'라는 뜻이다.

**Dialog 1**

A : I have to go to Hong Kong next week.
B : What for?
A : For business.

> A : 내주에 홍콩을 가야 해.
> B : 왜?
> A : 사업차 가는 거야.

**Dialog 2**

A : We must study English hard.
B : What for?
A : First, we have to pass various examinations. Second, we have to adapt ourselves for globalization.
B : You said it.

> A : 우리는 영어 공부를 열심히 해야 해.
> B : 왜?
> A : 우선 각종 시험에 붙어야만 하고 둘째는 세계화에 적응해야 하거든.
> B : 그 말이 맞아.

# Doing okay?

[dúːŋ] [òukéi]

요즘의 구어 영어에서는 단어가 생략되는 경우가 많은데 Doing okay? 도 Are you doing okay?의 준말이다. 일종의 인사말이지만 단순한 의례적인 인사가 아니라 "별일 없어?"라는 의미가 포함된 인사말 표현이라고 보면 된다.

흔히 회화에서 쓰는 생략된 표현은 대부분이 친밀하거나 격의 없는 사이에서 사용되는 어투이다. 그러니까 공식적이고 정중한 자리에서는 생략된 표현을 피하는 것이 좋다. Doing okay?는 How are you?와 같은 의례적인 인사가 아니라 '힘든 상황과 시련을 어떻게 견디어 나가느냐'는 뜻으로도 사용된다. 즉 How are you surviving this situation or ordeal? 정도의 의미를 갖는 안부의 말이라고 보면 된다.

---

Dialog 1

A : (Are you) Doing okay?
B : Sure. What about you?
A : Just so-so.

> A : 별일 없어?
> B : 그럼. 넌 어때?
> A : 그저 그래.

Dialog 2

A : Wow, that was some gust of wind! (Are you) Doing okay?
B : I'm still a little frightened, but alive.

> A : 와 굉장한 바람이었어. 지금 괜찮아요?
> B : 아직 조금 겁이 나기는 하지만 살아 있어요.

# 8 Anything else?

[éniθiŋ] [els]

다른 것 필요한 것 있으세요?

**가**게나 상점, 음식점 등에서 손님에게 더 이상 필요한 것이 있느냐는 질문을 할 때 흔히 쓰는 표현이다. 이 표현은 Is there anything else you want? 가 줄어든 말로 보면 된다. 그러나 가게뿐만이 아니라 회의나 토론 중에 Anything else?라고 하면 Do you have any other thing you wish to discuss?(또 다른 토의 안건이 있습니까?)라는 의미가 된다.

또 Anything else?라고 물어보면 Is there any other request?(다른 요청이 있으세요?)라는 의미로 되는 등 상황에 따라 다양한 뜻으로 쓰인다.

A : Anything else?

B : Just coffee, please.

A : 더 필요한 것 있으세요?
B : 커피만 주세요.

A : Here is the toast you ordered. Anything else, sir?

B : No, not at all.

A : 여기 주문하신 토스트가 있습니다. 또 다른 것 필요한 것 있으세요?
B : 아뇨, 없습니다.

# 9 Any questions?

무슨 다른 질문 있습니까?

[éni] [kwéstʃəns]

Do you have any other questions?가 줄어서 된 표현이다. 단순한 질문question이 아니고 어떠한 이유reason에 대해 묻는다면 같은 식으로 Any reason?이라고 대답하면 된다. 이와 같이 회화를 할 때 생략 가능한 부분을 가능한 한 생략하여 말하는 습관을 들이는 것이 영어회화를 유창하게 할 수 있는 지름길이다. 그러나 상황에 따라서는 지나치게 말을 줄이는 것이 다소 불손하게 여겨질 수도 있으므로 특히 손윗사람과 대화를 할 경우에는 유의할 필요가 있다.

Dialog 1

A : Any questions?
B : No question.
A : If you have no questions, let's finish and call it a day.

A : 다른 질문 있습니까?
B : 질문 없습니다.
A : 질문이 없다면 수업을 마치겠습니다.

# 10 Says who?

누가 그래?

[sez] [huː]

**적**은 단어를 사용해 짧게 말하는 것이 영어를 유창하게 하는 지름길이라는 건 Says who?에서 단적으로 입증된다. Says who?는 Who do you think you are to say that?(누가 하는 이야기라고 너는 생각하니?)라는 장황한 말이 줄어서 된 것이다.

평소 이런 식의 한두 단어로 된 표현들을 회화상에 쓰는 노력을 하다 보면 유창한 회화를 하는데 큰 도움이 된다. Who do you think you are to say that?식의 영어를 해서는 결코 유창해질 수 없으며, 영어 학습도 비능률적, 비경제적이다. 이와 같은 뜻을 세 단어로 표현하면 Who said that?이 된다.

---

**Dialog 1**

A : Fred, you sure can be dumb sometimes.

B : Says who?

A : Says me!

A : 프레드, 넌 분명히 가끔 가다 멍청한 데가 있어.
B : 누가 그래?
A : 내가 그런다!

---

**Dialog 2**

A : You take this dog out of here right now!

B : Says who?

A : Says me!

A : 너, 이 개를 당장 데리고 나가!
B : 누가 그래?
A : 내가!

---

# 77 ■ So early? | 그렇게 일찍?

[sou] [ə́ːrli]

So+형용사(부사)가 되면 상대방의 말에 반문하는 축약된 표현이 된다. 예를 들면 어떤 사람이 사무실을 아침 7시에 나간다고 이야기했을 경우 Do you go to office so early in the morning?이라고 장황하게 말하는 것보다 So early? 라고 간단히 말해도 충분한 의사 표시가 된다.

마찬가지로 물건값을 비싸게 부르거나 비싼 경우 So expensive? 하면 되고, 어떤 일을 지나치게 자주 하는 것을 볼 때는 So often?이라는 two word conversation으로도 충분한 의사 표현이 되는 것이다.

Dialog 1

A : What time do you go to school?

B : 7 o'clock in the morning.

A : So early?

A : 학교에 몇 시에 가니?
B : 아침 7시에.
A : 그렇게 일찍?

Dialog 2

A : How much?

B : 50 dollars.

A : So expensive?

A : 얼마예요?
B : 50달러요.
A : 그렇게나 비싸요?

7

기타의
**두** 단어 표현

Who cares?
Hold it!
Time's up
Say uncle
Just about!
Good luck
Just checking
Says me!
I'm stuffed
You're excused
It's do-or-die
Money talks
What nerve

#  Who cares?

신경 쓰지 마.

[hu:] [kɛərs]

Care의 뜻은 여러 가지가 있지만 Who cares?에서는 '관심, 주의attention'의 의미로 사용되고 있다. Who cares?를 문자 그대로 해석하면 '누가 신경을 써?' 즉, '아무도 신경 쓸 필요가 없다'는 의미가 된다.

Does anyone really care?(누가 신경 써 주는 사람이 있어?)라는 뜻이다. 별로 중요하지 않으니 무시해도 좋다는 의미It is of no consequence를 내포하고 있는 표현이다.

A : She's always kicking and screaming about something.
B : Who cares?

  A : 그 여자는 늘 트집을 잡아.
  B : 내버려 둬(신경 쓰지 마).

A : I have some advice for you. It will make things easier for you.
B : Who cares?

  A : 네게 할 말(충고)이 있어. 네가 일하는 데 많은 도움이 될 거야.
  B : 신경 쓰지 않아도 돼.

* kicking and screaming about something : '트집을 잡다, 쓸데없는 불평을 하다, 반항하다'의 뜻.

## 2 Hold it! 잠깐 그대로 있어!

[hould] [it]

Hold it!은 문자 그대로 해석하면 '그것을 잡다'이지만 그 의미가 조금 변용되면 "그것을 잡은 채로 잠깐 그대로 있어라, 잠깐 기다려!"라는 의미가 된다. 이 말은 보통 동료나 손아랫사람에게 쓰며, 주로 명령형으로 쓰인다. 특히 전화를 받았을 때 많이 사용되는데, 이때는 Please를 붙여 Please hold it.이라고 하면 공손한 표현이 된다. Hold on.도 같은 뜻으로 많이 쓰이는 표현이다.

A : Hold it!
B : What's wrong?
A : You almost stepped on my contact lens.

> A : 잠깐만!
> B : 왜 그래?
> A : 하마터면 내 콘택트렌즈를 밟을 뻔했어.

A : Let's get going. I hate to be late.
B : O.K. I guess everything is ready now.
A : Hold it! I think we forget the money.
B : Well, go back in and get it and let's go.

> A : 빨리 가자. 난 늦는 게 싫어.
> B : 좋아, 거의 모든 준비가 되었겠지.
> A : 잠깐만! 돈을 빠뜨린 것 같아.
> B : 그럼 도로 가서 돈을 가지고 가자.

# 3 Time's up.

시간이 다 됐어요.

[taimz] [ʌp]

Up은 '…이 끝나다over; at an end'라는 뜻이다. 그래서 Time's up.은 어떤 상황이 마무리되었다는 말이 된다. 따라서 The rain is letting up.은 '비가 멎었다', It's all up with me.는 '나는 끝장났어'라는 뜻이 된다. I'm history.도 같은 표현이다.

시험을 치를 때 Time's up.이라고 하면 "시간이 다 되었으니 시험지를 제출하라"는 말이 된다. 또한 백화점이나 은행 등에서 영업시간이 다 되어 "영업시간이 끝났습니다"라고 할 때도 Time's up.이라고 말한다.

It's all over., No more time. 등도 같은 의미로 쓰이는 두 단어 표현이다.

---

**Dialog 1**

A : Can I play one more game?

B : No. Time's up.

A : 게임을 한 번 더 해도 될까요?
B : 죄송합니다. 시간이 다 됐습니다.

---

**Dialog 2**

A : Sorry, no more time. Give me your paper right away.

B : Just one more minute, please.

A : Time's up.

B : Oh, all right. Here you are.

A : 미안하지만 시간이 다 되었어요. 시험지를 제출해 주세요.
B : 딱 일분만 주세요.
A : 시간이 다 됐어요.
B : 네, 알겠습니다. 여기 있습니다.

# 4 Say uncle. 졌다고 해.

[sei] [ˈʌŋkəl]

Say uncle.을 문자 그대로 해석하면 '아저씨라고 말해!'이지만 그 속뜻은 '항복해, 졌다고 해' 이다. Uncle은 우리말로 '삼촌', 즉 항렬로 따지면 손윗사람이 된다. 그래서 고압적이고 상대를 깔보는 듯한 표현이 이 Say uncle.이다. Say uncle.에 대해서 승복을 하자면 그냥 Uncle.이라고 하면 되는데, 그 뜻은 I give up.(항복이야.)이다.

일반 문장에서 We're going to undersell on this product until all our competitors say uncle.이라고 하면 "우리는 다른 회사가 손들 때까지 이 제품을 밑지고라도 팔 것이다"라는 뜻이 된다.

---

**Dialog 1**

A : Say uncle!

B : Uncle! Uncle!

A : 졌다고 말해!
B : 그래, 졌어!

---

**Dialog 2**

A : If you don't say uncle, I'll keep hitting you.

B : Uncle!

A : 항복하지 않으면 혼내 줄 거야.
B : 항복!

# 5 Just about!

 거의 그래요.

[dʒʌst] [əbáut]

**상**대방이 말한 내용이 정확하게 맞거나, 엄밀하게 그런 상태는 아니지만 대체로 비슷할 경우에 쓰는 두 단어 표현이다. 우리말로 하면 '거의 그렇습니다'에 해당한다. Almost.나 Very nearly.도 유사한 표현이다.

A : Has it stopped raining?
B : Just about. It's still drizzling a little bit.
A : Good. Let's go shopping.

> A : 비가 그쳤나요?
> B : 거의 그쳤어요. 보슬비가 조금씩 내리고 있어요.
> A : 됐어요. 쇼핑하러 가요.

A : So you're a vegetarian?
B : Yes, I am.
A : Don't you ever eat meat?
B : Never.
A : That means all you ever eat is vegetables?
B : Just about. But I also eat fruit.

> A : 당신은 채식주의자입니까?
> B : 네, 그렇습니다.
> A : 육식을 하는 일은 없나요?
> B : 결코 없습니다.
> A : 그 말씀은 채소만 드신다는 뜻인가요?
> B : 거의 그래요. 하지만 과일도 먹습니다.

# 6 Good luck.
행운을 빕니다.

[gud] [lʌk]

상대방에게 행운을 기원하면서 쓰는 표현이다. 그러나 어떤 상황에서는 오히려 반어적으로 쓰여 상대방이 원하는 바나, 하고자 하는 일이 잘 되지 않을 것이라는 부정적인 의도를 갖고 비꼬듯이 표현할 때도 있다. You will certainly need luck but it probably will not work.가 이 경우에 해당하며, 그 뜻은 '그래, 잘해 봐!' 정도이다.

**Dialog 1**
A : I'm going to take my final examinations coming Monday.
B : Good luck.

A : 오는 월요일 학기말 시험을 보러 갈 거야.
B : 행운을 빌어.

**Dialog 2**
A : I'm sure I can get this cheaper at another store.
B : Good luck!

A : 다른 가게에서는 이것을 더 싸게 살 수 있을 겁니다.
B : 잘해 보슈. (불가능함을 암시한 비꼬는 말.)

Good luck.

# Just checking.

그냥 물어 본 거야.

[dʒʌst] [tʃekiŋ]

**상**대방에게 어떤 특별한 목적 없이 그냥 물어보거나, 설사 목적이 있다 해도 상대에게 속내를 드러내 보이고 싶지 않을 때 쓰는 표현이다. I asked you without any intention, just for checking.(특별한 의도 없이 그냥 물어본 것뿐이야.)라는 말이 줄어서 된 표현이다. Just는 '그저, 단지, 그냥only, merely'의 뜻이다.

---

**Dialog 1**

A : Are you finished with your plate?

B : No, why?

A : Just checking.

A : 네 접시 다 비웠니?
B : 아니, 왜?
A : 그냥.

**Dialog 2**

A : Did you finished the report?

B : Yeah, why?

A : Just checking.

A : 네 보고서 다 끝냈니?
B : 그런데, 왜?
A : 응, 그냥.

# 8 Says me!

 내가 말한 거지!

[sez] [mi:]

　Says who?(누가 말한 거야?)라고 상대방이 시비조로 물어오는 경우 '내가 말했다, 왜?'라고 당당하게 대응하는 말이 Says me.이다. 다른 말로 표현하면 I said it.이 되는데, 그 뉘앙스에는 다소의 차이가 있다.

　I said it.은 단순하게 '내가 말했다'는 뜻의, 감정이 개입되지 않은 표현이지만 Says me.는 시비를 걸어오는 상대방에게 되받아치는 듯한 느낌을 주는 표현이다.

A : I think you are making a mess of this project.
B : Says who?
A : Says me!

　　A : 이 계획을 네가 다 망치는구나.
　　B : 누가 그래?
　　A : 내가!

A : What do you mean I shouldn't have done it? Says who?
B : Says me!

　　A : 내가 그것을 하지 말아야 한다는 거야? 누가 그래?
　　B : 내가!

# 9 I'm stuffed.

배불리 먹었습니다.

[aim] [stʌft]

Stuff는 명사로는 '재료, 물질any material'이란 뜻이지만 동사가 되면 '채우다, …을 채워 넣다fill up, fill or pack closely'라는 뜻이 되며, '음식을 채워 넣다 fill one's stomach with food'라는 뜻도 있다. 그래서 I'm stuffed.는 친한 친구들 사이에 '배불리 먹었어'라고 흔히 쓸 수 있는 표현이다.

I'm stuffed와 유사한 표현으로는 I'm full., I've had enough., That's all for me. 등이 있다. 그러나 영국에서 I'm stuffed.라고 하면 '임신했다'는 의미가 되니까 사용에 주의를 요한다.

A : Do you want to go to McDonald's?
B : No, I'm full.

    A : 너, 맥도날드에 가고 싶니?
    B : 아니, 배불러.

A : How is the chicken and mashed potatoes?
B : Fantastic!
A : How about another helping?
B : No, thanks. I'm stuffed.

    A : 으깬 감자와 닭고기 요리가 어때요?
    B : 기막히군요.
    A : 좀 더 드시는 것이 어때요?
    B : 아뇨, 배불리 먹었어요.

* Helping은 뷔페로 치면 one round와 같은 개념으로 "좀 더"라는 의미이다.

# 101 You're excused.

가져도 좋습니다, 괜찮아요.

[juə:r] [ikskjú:zd]

누군가 자리를 뜨고자 할 때 May I be excused?라고 물으면 이 말에 대한 대답으로 쓸 수 있는 표현이다. 이 경우는 You may leave the room, the table, etc.의 뜻이다.

또는 대화 중에 트림이나 기침같이 에티켓에 벗어난 행동을 한 사람이 Excuse me.라고 했을 때 이에 대한 대답으로 쓰이는데, 이때는 '괜찮습니다' 정도의 뜻이 된다.

Dialog 1

A : Excuse me for being so noisy.
B : You're excused.

A : 너무 소란하게 해서 죄송합니다.
B : 괜찮아요.

Dialog 2

A : Are you finished?
B : Yes.
A : You're excused.

A : 다 먹었니?
B : 네.
A : 그럼 자리를 떠나도 좋다.

# 77 ■ It's do-or-die. 죽기 아니면 살기로 하는 거예요.

[its] [dú:ərdái]

Do or die(하든지, 그렇지 않으면, 죽든지)라는 세 단어가 hyphen으로 연결되어 복합된 하나의 단어로 쓰이고 있다. 우리말의 '죽기 아니면 까무러치기'라는 이판사판의 뉘앙스를 가진 단어이다. 이 일을 하지 않으면 곧 죽는다는 벼랑 끝에 선 비장한 결의와 각오의 심경을 나타낸다.

A do-or-die battle은 '죽느냐 사느냐의 배수진을 친 싸움'을 뜻하며, a do-or-die attempt는 '목숨 건 시도'를 뜻한다. It's now-or-never.(지금이 아니면 절대 못해.)도 같은 뉘앙스로 사용되는 표현이다.

A : My stomach is doing flip-flops.
B : You must be under terrible pressure.
A : I am. The boss just told me I'd better get this job right or else….
B : Oh, no.
A : Yeah…. It's do-or-die.

> A : 속이 뒤집히는 것 같이 좋지 않아.
> B : 너, 아주 지독한 스트레스에 시달리는 것 같아.
> A : 그래. 사장님이 이 일을 바로 해내든지 사표를 내든지 하라는 거야.
> B : 어이쿠 저런.
> A : 좋아…. 죽기 아니면 살기야.

# *12* Money talks.

돈이면 안 되는 것이 없군

[mʌni] [tɔːks]

**무**생물인 돈이 이야기할 리가 없다. 그러나 그만큼 돈의 위력이 세다는 말로, '돈이면 안 되는 것이 없다'는 뜻이다. 서양에는 돈과 관련된 속담들이 많다. 크게 나누면 돈의 위력을 찬양하는 것과 돈에 대한 지나친 집착을 경계하는 것이 있다. 전자의 예로는 Money talks.(돈이면 만사형통.), Money makes the mare to go.(돈만 있으면 귀신도 부릴 수 있다.), Money makes a man.(돈이 사람을 만든다.) 등을 들 수 있다.

후자의 예로는 Money is the root of all evil.(돈은 모든 악의 근원.), Money isn't everything.(돈이 만사가 아니다.) 등이 있다.

---

A : I don't think you can do that kind of business here.

B : Money talks, you know.

> A : 그런 종류의 사업은 이곳에서 할 수 없습니다.
> B : 돈이면 무엇이든 해결되는 세상이오.

A : I can't believe you allowed Steve to talk like that. He insulted you.

B : But he is a very important customer of our company and I can't afford to make him angry.

A : You mean "Money talks?"

> A : 스티브가 그렇게 말하는 것을 용납하다니 믿기지가 않아요.
> 그 사람은 당신을 모욕했어요.
> B : 하지만 그 사람은 우리 회사의 VIP 고객이기 때문에 기분을 상하게 할 수는 없어.
> A : '돈이면 전부'라는 말씀이군요.

# 13 What (a) nerve!

배짱 한번 좋군.

[hwat] [nə:rv]

'신경'이란 뜻의 nerve는 '담력, 배짱 quality of being bold, self-reliant, etc'의 뜻으로도 사용되며 gut, courage도 같은 의미로 쓰인다. 그런데 이 What a nerve!는 그렇게 좋은 의미는 아니다. '예의 없는'이란 뜻의 How rude!라는 의미가 내포된 표현이기 때문이다.

배짱이 좋거나 얼굴이 두꺼워 보이는 사람에게 What a nerve! 또는 Such a nerve!라고 한다. 이 같이 what 또는 how를 사용한 감탄의 표현 방법은 자기 감정을 표시하는 경제적이고 효과적인 방법이 될 수 있다. 그러므로 회화에 이런 단어들을 잘 활용한다면 의사소통이 한결 부드러워진다.

**Dialog 1**

A : Lady, get the hell out of my way!

B : What nerve!

A : 아가씨, 길 좀 비켜 주실까!
B : 뻔뻔스런 사람 같으니라구!

**Dialog 2**

A : You know what?

B : What?

A : Jack dashed into the boss' room and demanded a raise.

B : What nerve! He's been working for only 2 months now.

A : 너 이 이야기 들었어?
B : 무슨 이야기?
A : 잭이 사장실로 들어가 봉급인상을 요구했다는 거야.
B : 배짱 한번 좋은데. 입사한 지 겨우 두 달밖에 안 되는데 말이야.

CHAPTER

# 03

세 단어로 유창해지는

**영어**회화

# Three Word Expressions

Three word expressions

# 1

긍정과 동의의
## 세 단어 표현

I'm with you
Either will do
It's a deal
It's a date
Now you're talking
I can tell
I mean it
You're almost there
No big deal
Still going strong

a b c d e f g h i j k l m n
o p q r s t u v w x y z

a b c d e f g h i j k l m n
o p q r s t u v w x y z

a b c d e f g h i j
k l m n o p q r s t
u v w x y z

# I'm with you.

동감이야.

[aim] [wíð] [juː]

직역하면 '내가 당신과 함께 있다'라는 뜻이다. 함께 있다는 표현은 어느 정도 공감대가 형성되어 있다는 말이다. 서로 의견이 통하지 않으면 같이 있을 수 없기 때문이다. I agree with you.와 같은 말이나 I'm with you.가 I agree with you.보다 더 밀착되고 강한 느낌을 주는 간단한 표현이다.

영어에는 이처럼 전치사만으로 표현되는 말이 많다. 예를 들면 It's up to you. (당신에게 달렸어, 당신이 결정할 문제야.) I'm with you.의 반대 표현인 I'm against you.(당신과는 의견이 달라.) 등이다.

---

A : I think the economy is getting worse. What do you think about that?

B : I'm with you.

A : 경기가 점점 나빠지는 것 같아. 네 생각은 어때?
B : 동감이야.

A : I think this bridge is too old.

B : Right.

A : This old bridge seems sort of dangerous.

B : I'm with you. Let's go back another way.

A : 이 다리는 너무 낡은 것 같아.
B : 맞아.
A : 이 오래된 다리는 좀 위험해 보여.
B : 동감이야. 다른 길로 가자구.

# 2 Either will do.

아무거나 좋아요.

[íːðər] [wil] [duː]

우리가 일상생활을 해 나가다 보면 두 가지 중에 어느 하나를 선택해야 할 경우가 많다. 그럴 때 어느 것을 선택해도 별 차이가 없거나 선택하는 것 자체가 귀찮은 경우 편리하게 쓸 수 있는 표현이 바로 Either will do.이다.

이때에는 동사 do의 뜻이 '…을 하다'가 아니라 '족하다, 알맞다serve, good, suitable'이다. Anything will do.라고 하면 '어느 것이나 좋다'라는 뜻이고, Fifty dollars will do me.는 '50달러면 충분하다'라는 뜻이다.

A : Which one will you take?

B : Either will do.

> A : 어느 쪽을 가질래?
> B : 아무거나 좋아.

A : Which would you prefer, beer or Korean soju?

B : Either will do.

A : Well then. Let's have beer.

B : O.K. You know one drink is as good as the other.

> A : 맥주와 소주 중 어느 것을 드시겠어요?
> B : 아무거나 좋아요.
> A : 그럼 맥주를 합시다.
> B : 좋습니다. 한 잔 해도 취하는 건 마찬가지니까요.

# 3 It's a deal.

좋아요, 찬성입니다.

[its] [ə] [di:l]

**본**래 deal에는 첫째, 상업상의 거래나 협정. 둘째, 카드놀이에서의 패 등의 뜻이 있다. 따라서 It's a deal. 또는 You've got a deal.이라고 하면 '거래 쌍 방 간에 공히 이익이 되는 합의'라는 뜻이다.

카드놀이를 할 때 자기 손에 든 패가 좋으면 a good deal, 패가 나쁘게 들어오 면 a bad deal이라고 한다. 또한 흥정을 해서 좋은 물건을 싸게 사면 a good deal, 잘못해서 바가지라도 써 비싸게 물건을 산 경우는 It's a bad deal.이라고 한 다. 따라서 It's a deal.은 어느 편에도 불리하거나 유리하지 않은 것처럼 보이는 경우나 오히려 자신에게는 다소 유리하게 느껴질 경우에 쓸 수 있는 표현이다.

Let's go to the movies tonight.(오늘 저녁에 영화 구경을 갑시다.)라는 제의를 받았을 경우 Yes.나 O.K.도 좋지만 It's a deal.이라고 대답한다면 좀 더 적극적인 의사 표시가 된다.

---

A : If you watch my child while I go shopping, I'll watch yours.
B : Okay, it's a deal.

A : 쇼핑할 동안 우리 애를 봐 주시면, 쇼핑할 때 댁의 아이를 봐 드릴게요.
B : 좋아요. 그렇게 하시죠.

A : How about going to the music concert this Saturday?
B : It's a deal.

A : 오는 토요일에 음악회에 가는 게 어때?
B : 좋아요.

# 4 It's a date.

좋아, 약속했어.

[its] [ə] [deit]

우리가 흔히 알고 있는 date는 '남녀 사이의 약속'이다. 그러나 남녀 사이가 아닌 일반적인 약속을 말할 때도 date를 사용한다. It's a date.는 약속은 약속이지만 남녀 간 또는 연인들 사이에 친밀감을 더하기 위해 쓰이는 경향이 있다. 남자들 사이에서는 잘 쓰지 않는 표현이다.

한쪽이 Let's go to the movies?(내일 영화나 보러 갈까?)라고 했을 때 "그럼, 그렇게 해요. 약속했어"라고 할 경우 It's a date.라고 하면 적절한 표현이다.

또, date에는 '약속'이 아닌 '데이트 상대'라는 뜻도 있는데, My date today was Nancy.라고 하면 "오늘 데이트 상대는 낸시였다"라는 뜻이 된다.

A : How late do you think you'll work tonight?

B : Well, I should have this report finished by 5:00.

A : Why don't we meet at OB Hof at 6:00? Let's have a drink tonight.

B : It's a date, then.

A : 오늘 몇 시까지 공부할 생각이니?
B : 글쎄, 이 리포트를 늦어도 5시까지는 마쳐야 돼.
A : 6시에 OB 호프에서 만나는 게 어때?
B : 그래, 좋아.

A : How about going to the movies with me tonight?

B : What time?

A : How about 8:00?

B : All right. It's a date.

A : 오늘 저녁에 나하고 극장에 가지 않을래?
B : 몇 시에?
A : 8시 어때?
B : 좋아, 약속했어.

# 5 Now you're talking.

[nau] [juə:r] [tɔ́:kiŋ]

*그게 좋은 생각이야.*

**N**ow you're talking.은 '이제야 이야기를 제대로 하는군Now you are saying the right things' 정도의 뉘앙스를 주는 표현이다. It's a good idea.(좋은 생각이야.), That's much better.(이제 됐군.) 등과 같은 동의나 격려의 표현이다.

예를 들면 남대문 시장 같은 장소에서 상인과 에누리 때문에 한참 동안 밀고 당기는 입씨름을 하다가 대폭 깎은 고객이 쓸 수 있는 말이 바로 Now you're talking. I'll take it.(이제야 됐군요. 그것을 사겠어요.)이다.

**A** : How about Japanese food for your birthday party?
**B** : Now you're talking.

A : 생일 파티로 일식이 어떠니?
B : 그것 좋지요.

**A** : When I go back to school. I'm going to study harder than ever.
**B** : Now you're talking.

A : 학교에 돌아가면 예전보다 더 열심히 공부하겠어요.
B : 그것 참 좋은 생각이다.

# 6 I can tell. 알고 있어요.

[ai] [kæn] [tell]

Tell이라는 동사는 '말하다' 정도로 알고 있지만, 영어의 일상회화에서는 의외로 '알다know or understand'라는 뜻으로 널리 쓰이고 있다. "그 둘의 차이점을 알고 있니?"라고 물을 경우 Can you tell the difference between the two? 라고 표현한다.

이처럼 '알다'라는 뜻으로 know가 아니라 tell을 쓰는 것은 단순히 '안다'는 의미가 아니라 "아는 것을 말해tell 줄 수 있겠니?"라는 뉘앙스에 가까운 표현이라고 보면 된다.

---

**Dialog 1**

A : Do you know what's happening in North Korea?

B : I can't tell. Nobody knows what's happening there.

A : 북한에 무슨 일이 일어나고 있는지 알아?
B : 알 수 없지. 아무도 거기서 무슨 일이 일어나는지를 모른다구.

**Dialog 2**

A : Looks like it's going to rain tomorrow.

B : How can you tell?

A : I can tell. Look at the sky. Look at all the clouds.

A : 내일 비가 올 것 같아.
B : 네가 어떻게 알아?
A : 알 수 있지. 하늘을 좀 봐. 저 구름 좀 보라구.

# 7 I mean it. 진심이야.

[ai] [miːn] [it]

I mean it.은 여러 가지 상황에서 여러 의미로 사용되고 있다. 우선 첫
번째로 '맞장구·동조'의 표현으로서 '진심이다, 정말이다'라는 의미의 용법이다.
"나를 사랑해요?"라는 질문에 I really mean it.이라고 대답하면 진심으로 상대방
을 사랑한다는 뜻이 된다.

또한 '강조'의 의미로 자신의 말이 진심이라는 것을 더욱 강하게 나타내고 싶을
때는 I mean it. 뒤에 from the bottom of my heart(내 마음 깊은 곳으로부터)를
붙인다. 그 밖에 미국인들이 즐겨 쓰는 유사 표현에는 I mean business.나 I'm
serious. 등이 있다.

---

**Dialog 1**

A : Do you really love me?

B : Yes. I mean it.

A : 나를 정말 사랑하세요?
B : 그럼요. 진심이에요.

**Dialog 2**

A : Stop right now! I mean it!

B : OK. I'll stop.

A : 당장 그만 뒈! 진심이야.
B : 그래, 그만할게.

**Dialog 3**

A : It can't be right. Are you kidding me?

B : No, I am not. I mean business.

A : 그럴 리가 없어. 너, 나한테 농담하는 거지?
B : 아냐, 정말이야.

# 8 You're almost there. | 거의 다 된 걸요.

[juə:r] [ɔ́:lmoust] [ðɛ:ər]

You're almost there.를 글자 그대로 해석하면 '거의 거기에 있다'라는 뜻이다. 거기there는 막연한 의미의 지시 부사이다. 그러나 여기에서는 '어떤 목적한 바 일, 또는 장소' 등의 구체적인 뜻으로 사용되고 있다. Almost는 '거의very nearly'의 뜻이므로 almost there는 '거의 목적한 바에 다다른'이라는 뜻이 된다.

You're almost there.는 상대방이 어떤 일을 시도하다가 중간에 힘이 들어 그것을 포기하려고 할 때 상대방을 격려하여 일을 계속하게 하거나 상대방의 분발을 촉구하는 표현이다. '조금만 더 하면 돼, 힘 내!' 정도의 뜻으로 보면 된다.

A : This crossword puzzle is beyond me.
B : No, it's not. You're almost there.

A : 이 퍼즐 맞추기는 도저히 안 되겠는 걸.
B : 아냐, 거의 다 됐어.

A : Whenever I'm sculpting figures, I have a hard time with the hands.
B : You're almost there. A little more on the thumb and you'll have it just right.

A : 인물을 조각할 때마다 손 부분 처리에 애를 먹어.
B : 거의 다 됐는데 뭘 그래. 엄지 부분만 조금 더 손질하면 아주 잘 되겠어.

# 9 No big deal.

별거 아니야.

[nou] [big] [di:l]

Don't make a big deal out of it.이란 표현은 미국에서 자주 쓰이는 표현이다. '별것도 아닌 것을 가지고 법석 떨지 마라'는 의미로 Don't make a fuss about it.과 같은 뜻이다. 우리들이 흔히 잘 쓰는 '큰일 났다!'라는 말을 미국 사람들은 big deal을 사용하여 A really big deal happened.(정말 큰일 났다.)라고 한다. 따라서 No big deal.은 그 반대 의미가 되어 '대수롭지 않은 일, 하찮은 일'을 뜻한다. 어떤 사람이 무슨 일로 사과를 할 경우 No big deal.이라고 하면 상대방을 안심시키는 말로서 "별일 아니니까 염려하지 마세요"라는 뜻이 된다.

A : Did the teacher get mad at you?
B : Yes, but it's no big deal. She gets mad at everyone.

> A : 선생님이 네게 화를 내셨니?
> B : 그래, 하지만 별거 아니야. 그녀는 누구에게나 신경질적이야.

A : I'm sorry I'm late.
B : No big deal.

> A : 늦어서 미안해.
> B : 별거 아니야. (괜찮아.)

# 70 Still going strong.
아직도 건재해.

[stil] [góuiŋ] [strɔ(:)ŋ]

이것은 weatherman(기상통보관)이 태풍의 상황을 설명하면서 태풍의 영향권이 여전히 남아있음을 It's still going strong.이라고 말한 데서 유래한 표현이다. 즉 The hurricane is still moving with strong wind.라는 의미이다.

60년대 초 영국에서 비틀즈가 처음 등장했을 때 사람들은 그들의 인기가 일시적인 유행일 것이라고 생각했다. 그러나 40년이 지난 오늘날까지도 "Yesterday" 같은 곡들이 수그러들지 않고 꾸준한 인기를 누리고 있는데, 이럴 경우에는 The Beatles is still going strong.이라고 말한다.

Dialog 1

A : What kind of music do you like?
B : Jazz.
A : Really? Is that still going strong?
B : It always has, and it always will.

> A : 넌 어떤 음악을 좋아하니?
> B : 재즈.
> A : 정말? 그런 음악이 아직도 인기가 있어?
> B : 항상 그랬는데, 앞으로도 계속 그럴걸.

Dialog 2

A : Who do you think is the best actor?
B : James Dean.
A : But he's dead.
B : Yes, but his memory is still going strong.

> A : 누가 가장 위대한 배우라고 생각해?
> B : 제임스 딘.
> A : 하지만 그 사람은 죽었잖아.
> B : 그래도 그에 대한 추억은 아직까지 우리 뇌리에 강렬하게 남아 있어.

# 2

CHAPTER

**③ T**hree **w**ord **e**xpressions

## 부정과 유보의 세 단어 표현

Yes and no
That's a no-no
No, not very(really)
You got me
Not so hot
God only knows
It won't work
That does it
Turns me off
Not the slightest
It's probably nothing
You're too much

# 1 ■ Yes and no.

한마디로 이야기할 수 없군요.

[jes] [ænd] [nou]

Yes.라고도 No.라고도 단정지어 이야기할 수 없는 상황에서 쓸 수 있는 아주 유용한 세 단어 표현이다. 또 마음속으로는 Yes.라고 할지라도, Yes.라고 말하는 것보다 우선 부정의 가능성을 붙여 두는 것이 유리하다고 생각되면 일단 Yes and no.라고 말하는 것이 좋다.

Yes and no.의 사용에 있어 한 가지 주의할 점은 너무 자주 사용하지 말라는 것이다. 너무 자주 사용하면 줏대 없는 사람, 결단성 없는 우유부단한 사람으로 오해받기 쉽기 때문이다. 꼭 필요할 때, 즉 비상시에만 사용해야 효과가 있다는 점을 기억하자.

---

**Dialog 1**

A : Miss Kim, do you like him?

B : Yes and no. To be honest, I like his appearance but I don't like his character.

A : 미스 김. 그 사람 어때요?
B : 글쎄, 한마디로 말할 수 없군요. 외모는 괜찮은데 성격이 마음에 들지 않아요.

**Dialog 2**

A : Are you satisfied with this contract?

B : Yes and no. Because….

A : 당신은 이 계약이 만족스러우세요?
B : 한마디로 이야기할 수 없군요. 왜냐하면….

---

[ðæts] [ə] [nóunòu]

No를 한 번만 해도 부정의 말인데 no-no라고 두 번이나 썼으니 강력한 부정이 된다는 것은 짐작할 수 있을 것이다. 이 표현은 이제 막 걸음마를 시작한 유아를 돌보면서 하는 엄마의 말에서 유래한다. 이 시기에 엄마들은 아기를 주위의 위험한 물건들로부터 떼어 놓으려고 무진 애를 쓰며 no-no를 연발하게 되는데, 이것이 일상 구어로 표현되어 '안되는 것, 금지된 것something that is not to be done'이란 뜻으로 쓰이게 된 것이다. That's a no-no.는 That's not allowed. 또는 That's against the rules.라는 뜻이다.

**Dialog 1**

A : Let's go to the beer party tonight.
B : That's a no-no. I don't drink any alcohol.

　　A : 오늘 밤 맥주 파티에 가지 않을래?
　　B : 그건 안 돼. 나는 술이라고는 전혀 못해.

**Dialog 2**

A : You are making too much noise while eating.
B : So what?
A : In America, that's a no-no.

　　A : 음식 먹는데 너무 소리를 내는구나.
　　B : 그래서 그게 어떻다는 거야?
　　A : 미국에서는 그건 안 돼.

# **3** No, not very (really).

[nou] [nat] [véri] ([rí:-əli])

별로 ~하지 않습니다.

 No, not very.는 "별로~하지 않습니다"라는 뜻으로, 여러 가지 상황에서 쓸 수 있는 말이 줄어든 표현이다. 예를 들어 Are you good at swimming?이라고 물어왔을 경우, 수영을 잘하지 못하면 No. I am not good at swimming.이라고 대답하면 된다. 그러나 No, not very(really).라고 대답하면 더 간단하다.

또 It is very cheap?이라고 물어왔을 경우 No, it is not very cheap.이라고 대답해야 한다. 그러나 간단히 줄여 No, not very.라고 표현해도 좋다. Not really. 도 같은 의미로 많이 쓰인다.

---

A : Are you good at tennis?

B : No. not really.

   A : 너, 테니스 잘하니?
   B : 아니, 별로야.

A : Have you been here long?

B : No, not really.

A : How long have you been here?

B : I got here last month.

   A : 여기 오신지 오래 되세요?
   B : 별로 오래되지 않았습니다.
   A : 얼마나 계셨어요?
   B : 지난달에 왔어요.

# 4 You got me.

 모르겠군요.

[juː] [gat] [miː]

You got me.를 직역하면 '당신이 나를 잡았다'인데, 이것은 어려운 이 야기나 질문 등을 해서 꼼짝 못하게 했다는 의미이다. '모르겠다'는 의미의 가장 일반적인 표현은 I don't know.이다. 그러나 문제는 실제로 미국인들은 아주 다양한 표현을 쓰고 있다는 점이다. 그래서 Beats me.라든가 Search me. 같은 말을 익혀 둘 필요가 있다. I haven't got the faintest idea.라고 해도 같은 뜻이 된다.

반면에 상대방에게 어려운 문제를 냈거나 큰소리치던 사람을 꼼짝 못하게 만들 었을 경우 '자, 이제 손들었지?'라는 뜻으로 I've got you.라는 표현을 쓴다.

 Dialog 1

A : Is June a good time to visit New Zealand?

B : Gee, you got me.

A : 6월이 뉴질랜드 방문에 좋은 시기인가요?
B : 아냐, 잘 모르겠어.

 Dialog 2

A : Which do you like better, going to the movies or going to a basketball game?

B : You got me. Can't we do both?

A : No. We can't. Take your pick.

A : 영화 관람과 농구 시합 구경 중 어느 편이 좋겠어?
B : 잘 모르겠어. 둘 다 할 수 없어?
A : 그건 안 돼. 하나만 골라 봐.

# 5 Not so hot.

상태가 아주 안 좋아.

[nat] [sou] [hat]

**뜨**거운 것만 hot이 아니다. hot에는 감정을 나타내는 여러 가지 뜻이 있는데, He is hot on tennis.에서는 '~에 열중하는 have strong eagerness, enthusi-asm'이란 뜻이다. 또 That's a good idea.에서 hot은 '굉장한, 기막힌'이란 뜻이다. She's hot.에서 hot은 'sexy, attractive'란 의미다.

Not so hot.에서의 hot은 '좋은 상태'를 뜻한다. Not so good.보다는 좀 강한 표현이지만 거의 같은 의미라고 보면 된다. 좀 더 정중하게 표현하고 싶으면 I don't feel so well.(기분이 그다지 좋지 않아요.)라고 말한다.

**Dialog 1**

A: Is he pretty hot?

B: Not so hot.

A: 그 남자 매력적이니?
B: 별로 매력적이지 않아.

**Dialog 2**

A : You caught a cold?

B : Yeah.

A : How are you feeling?

B : Not so hot.

A : 너 감기 들었구나.
B : 응.
A : 좀 어때?
B : 상태가 아주 안 좋아.

# 6 God only knows.

아무도 몰라요.

[gad] [óunli] [nouz]

'하느님만이 알고 계시다'를 바꾸어 말하면 '아무도 모른다'는 말이다. 상대방의 질문에 대해 '인간으로서는 그 답을 알 수 없다'는 뜻이며, Only God knows.라고도 한다.

　이와 유사한 영어 표현으로는 Who knows?(누가 알아?), It's beyond me.(나를 넘어섰어. 그러니 나로서는 알 수 없어.), Your guess is as good as mine.(네 추측이나 내 추측이나 마찬가지야. 그러니 아무도 몰라.) 등 여러 종류가 있다. 그러나 God only knows.가 그중에서 가장 함축적이고 간결한 표현이다.

A : When will we have a unified Korea?

B : God only knows.

A : 한국 통일이 언제쯤 이루어질까?
B : 글쎄, 아무도 몰라요.

A : When will this war ever end?

B : God only knows.

A : Why do men always have to resort to war?

B : I wish I knew.

A : 이 전쟁이 언제쯤 끝날까?
B : 누가 알겠어?
A : 왜 사람들은 항상 전쟁으로 문제를 해결하려고 할까?
B : 낸들 알아?

#  It won't work. 그렇게는 안 될거야.

[it] [wount] [wəːrk]

Won't 는 will not의 줄임말이다. 여기에서의 will은 미래의 개념이 아니라 오히려 현재에 가깝고, '의지, 고집, 습관' 등의 뜻을 갖는다. The window won't open.(창문이 도무지 열리지 않는다.)에서는 현재의 개념이다. She won't listen to me.는 '그 여자는 도대체 내 말을 들으려 하지 않는다'라는 뜻이다. It won't work.에서 work는 '작용하다, 효과가 있다'라는 뜻이므로 결국 '작용하지 않으려고 한다, 효과가 없다'라는 뜻이 된다.

또 Boys will be boys.(사내아이는 역시 사내아이이다, 개구쟁이 짓은 어쩔 수 없다.)나 Accident will happen.(사고란 나기 마련이다.)에서 will은 어떤 것의 '경향, 추세'를 나타내는 개념이다.

A : I've had it with this car. I'm going to buy a new car.

B : I think if you rebuild the carburetor, it might be alright.

A : It won't work. It's already been rebuilt once.

A : 나는 이 차에 신물이 났어. 새 차를 사야겠어.
B : 카뷰레터만 바꾸면 괜찮을 것 같은데.
A : 그렇지 않아. 이미 카뷰레터를 바꿨거든.

A : I can't convince Ben to even meet Betty.

B : Maybe, if you invited him over for dinner, Betty could just happen to be there.

A : It won't work. Ben is so shy he'd never accept a dinner invitation.

A : 벤이 베티를 만나게 하는 일조차도 할 수가 없어.
B : 베티가 우연히 온 것처럼 하고 벤을 파티에 초청하면 어떨까?
A : 그게 잘 안 될걸. 벤이 너무 수줍음을 타서 식사 초청같은 데 응하지도 않으니까 말이야.

# 8 That does it.

 안 되겠군.

[ðæt] [dəz] [it]

That does it!은 두 가지 의미로 쓰인다. 첫 번째는 어떤 일을 진행하거나 문제를 풀고 있을 때, 그것이 잘되어 가는 상황에서 '이제 거의 다 됐어It is now done just right! That completes it'라는 뜻으로 사용되는 경우다.

또 다른 의미는 어떤 일을 참다 참다 더 이상 견딜 수 없는 경우 '안 되겠군, 이제 더 이상 참을 수 없어'라는 뜻이다. 이 표현은 자주 쓰이며, That's the last straw.와 그 의미가 같다. 짐을 잔뜩 실은 낙타가 견디지 못해 쓰러지는 것은 마지막 지푸라기 하나의 무게 때문이라는 우화에서 나온 표현이다.

---

 Dialog 1

A : Mr. Kim is late for work again, sir.
B : That does it. Fire him!

> A : 미스터 김이 오늘 또 지각했습니다.
> B : 도저히 안 되겠군, 해고해!

 Dialog 2

A : Jim received $1,000 from the construction company concerning the new contract.
B : Are you sure?
A : (I'm) positive.
B : That does it. He'd better leave this company.

> A : 짐이 새 계약과 관련해 건설 회사로부터 1,000 달러를 받았습니다.
> B : 정말인가?
> A : 확실합니다.
> B : 안 되겠군. 그 친구 사표를 내야겠어.

# 9 Turns me off.

밥맛이야, 지겨워.

[təːrns] [miː] [ɔːf]

**일**반적으로 우리가 알고있는 turn on은 '전기나 가스 같은 것을 켜다'라는 의미이고, turn off는 그 반대의 뜻으로 사용되고 있다. 그런데 그 의미가 조금 발전하여 turn on은 '흥미를 돋우는 재미있는 뉘앙스'로, turn off는 '재미없다'는 뜻으로 사용된다. 수도꼭지에서 물이 계속 흘러나오는 turn on과 꼭지를 막아 버린 상태인 turn off를 상상해 보면 이해하기 쉽다.

상대방의 행동이나 취미가 신물이 나도록 지긋지긋한 경우 Turns me off.라고 말하는데, 그냥 명사로 사용하여 She's a turn-off.라고 하면 '그 여자 밥맛이다 (지겹다)'라는 뜻이 된다. 또 반대 의미는 She's a turn-on인데, 이 표현은 sexually attractive라는 성적인 뉘앙스를 가진다.

A : That guy is so arrogant.

B : He sure is. He really turns me off.

A : 저 친구는 너무 거만해.
B : 정말이야. 정말 밥맛 떨어지게 해.

A : Did you see that fur coat Sally's wearing?

B : Yeah, it really turns me off when she tries to act so sophisticated.

A : 샐리가 입고 있는 모피 코트 봤어?
B : 응, 걔가 아주 세련된 것처럼 행동하는 걸 보면 정말 짜증난다고.

# 101  Not the slightest. 전혀 모르겠어요.

| [not] [ðə] [slaitist]

**일**상의 언어 생활에서 되도록 말을 간단하게 하려는 것은 우리나 영미인이나 모두 공통적이다. 이 말은 I have not the slightest idea.(저는 조금도 모르겠는데요.)가 줄어서 된 표현이다. Not the vaguest.나 Not the foggiest.를 쓰기도 한다. Vague는 '어렴풋한, 말이나 생각 등이 분명치 않은'의 뜻이고 foggy는 '안개가 낀'이란 의미에서 비유적으로 안개처럼 '전혀 모르겠다'는 뜻으로 사용되고 있다.

 Dialog 1

A : Do you have any idea where he can be reached right now?

B : Not the foggiest.

  A : 지금 어떻게 하면 그에게 연락이 될지 아니?
  B : 전혀 감을 잡을 수가 없어.

 Dialog 2

A : Don't you remember where you put it?

B : Not the slightest.

  A : 그것을 어디에 넣어 두었는지 기억나니?
  B : 전혀 기억이 안 나.

# 77 It's probably nothing.

[its] [prábəbli] [nʌθiŋ]

*대수롭지 않은 일이야.*

**누**군가 어떤 일에 대해 염려하거나 관심을 표시할 경우 대수롭지 않다고 생각할 때 쓰는 세 단어 표현이다. It's nothing.도 비슷한 뜻이지만 이것은 아주 단정적으로 말할 때 쓰는 표현이다. Probably가 들어가면 '그런 것 같다' 정도의 뉘앙스를 주는 좀 덜 단정적인 느낌이 든다.

예를 들어 바깥이 소란스러울 때 상대방이 '밖이 왜 저렇게 시끄럽지?What's the rackets?'라고 물어오면 It's probably nothing. Maybe an argument or something.(별일 아니야. 누군가 서로 다투는 모양이야.)라고 말하면 된다.

---

**Dialog 1**

A : He isn't in today. What's up?

B : It's probably nothing. He often takes days off without any notice.

A : 이 사람 오늘도 출근을 안 했군. 무슨 일이 있나?
B : 아무 일도 아닐 거예요. 가끔 이야기도 없이 쉴 때가 있으니까요.

**Dialog 2**

A : Oh, I am glad you stopped by. Your wife just called you.

B : Anything urgent?

A : It's probably nothing. She didn't sound upset or anything.

B : Okay, I'll call her right now.

A : 마침 잘 왔네. 방금 자네 집에서 전화가 왔었어.
B : 급한 일이 있대?
A : 별것 아닌 것 같아. 속상하거나 그런 것 같지는 않았어.
B : 알았어. 당장 전화해보자.

# 12 You're too much.

정말 너무 하는군

[juə:r] [tuː] [mʌʧ]

Too much란 말의 원래 뜻은 '너무 많다'이다. 그러나 상황에 따라서는 여러가지 의미로 쓰인다. 우스갯소리를 잘해 상대방의 배꼽을 빼는 친구에게 You are too much.라고 하면 '작작 좀 웃겨라'라는 말이 된다. 건달 친구가 올 때마다 손을 벌리며 돈 좀 꿔 달라고 하는 경우의 You are too much.는 '해도 해도 너무 한다'라는 부정적인 표현이 된다.

또 평소 훌륭한 매너에다 얼굴까지 잘생긴 친구를 두고 He's really too much.라고 한다면 '그 사람 정말 멋쟁이야'라는 말이 되지만 지나치게 자기 것만 챙기는 사람에게 He's really too much.라고 하면 '그 사람 해도 너무 해'라는 못마땅한 말이 된다. 긍정이든 부정이든 그 상황을 강조하는 표현이다.

A : Would you lend me $100?

B : You're too much. Last week you borrowed $50 from me.

> A : 100달러만 빌려줄래?
> B : 정말 너무하는군. 지난주에도 50달러 빌려갔잖아.

A : Professor Lee gave us another test yesterday.

B : Again? That's the fifth test this month.

A : Yes, he's really too much.

> A : 이 교수가 어제 또 시험을 냈어.
> B : 또? 이번 달에만 벌써 다섯 번째야.
> A : 그래, 해도 정말 너무하셔.

# 3

## 맞장구치는
## 세 단어 표현

You said it
Way to go
Whatever you say
That a girl
You did it
You don't say
So do I
If you insist
You name it
Whatever it takes

a b c d e f g h i j k l m n
o p q r s t u v w x y z

a b c d e f g h i j k l m n
o p q r s t u v w x y z

a b c d e f g h i j
k l m n o p q r s t
u v w x y z

# You said it.

나도 동감이야.

[juː] [sed] [it]

You said it.을 직역하면 '네가 그것(내가 말하고 싶은 바로 그것)을 이야기했다'가 되어 '동감이야, 그렇고말고, 그 말 잘했어'라는 뜻의 동조나 맞장구 표현이다. 이와 유사한 표현에 You can say that again.이 있는데, 이것은 직역하면 '그 말 다시 한 번 할 수 있어'라는 뜻이므로 '나와 의견이 같다'라는 말이다. 이러한 맞장구 표현들은 상대방과의 대화를 원활하게 하는데 상당히 유용하므로 잘 기억해 두었다가 적절하게 사용한다면 회화가 한결 부드러워질 것이다.

That's true.나 You are correct.도 같은 의미이다.

---

**Dialog 1**

A : Our boss is the stingiest one in the whole world.
B : You said it.

  A : 우리 사장은 세상에서 가장 구두쇠야.
  B : 전적으로 동감이야.

**Dialog 2**

A : It sure is hot today.
B : You can say that again.

  A : 오늘은 정말 덥군.
  B : 정말이야.

[wei] [tu] [gou]

Way to go.는 That's the way to go.(그게 바로 가는 길이야.)라는 말에서 That's the가 생략된 표현이다. '바로 가는 길, 바로 가는 방법'이므로 '잘 한다, 잘 해'라는 의미인 것이다. 우리말과 마찬가지로 이 표현은 어조에 따라 칭찬의 말도 되고, 그 반대로 빈정대는 말도 된다. 우리말로 "자알 한다, 자알 해"라고 어조가 내려가도록 발음하면 상대를 비꼬는 표현이 되는데, 영어에서도 마찬가지이다.

프로 야구에서 9회 말 역전시킬 수 있는 좋은 찬스에서 4번 타자가 삼진 아웃을 당하자 잔뜩 기대하고 있던 극성팬의 입에서 Way to go! Way to go!가 연발된 경우는 응원이 아니라 야유의 표현이 되는 것이다.

A : I won first prize in talent contest.

B : Way to go!

A : 장기 자랑 대회에서 1등상을 탔어요.
B : 잘했다.

A : I had a successful interview and got a job.

B : Way to go! Let's have a drink for that tonight.

C : When do you start your new job?

A : Tomorrow.

A : 나 면접을 잘해서 새 직업을 갖게 됐어.
B : 잘했어. 오늘 저녁에 한잔 하자.
C : 언제부터 새 직장에서 일해?
A : 내일부터 당장.

# 3 Whatever you say.

좋을 대로 하세요.

[hwatévə:r] [ju:] [sei]

이것은 자기주장을 내세우지 않고 상대방의 말을 그대로 받아들이는 긍정의 표현이다. 외국인과 식사를 할 기회가 있어 Shall we have Korean or American food?라고 물었을 경우 상대방에게 결정을 맡겨 버릴 때 쓰는 표현이 바로 Whatever you say.이다.

상대방이 Would you mind if we leave on Friday?(금요일에 떠나도 좋겠습니까?)라고 물어왔을 경우 "좋으실 대로 하십시오"라고 결정을 일임할 때도 Whatever you say.를 쓴다. Whatever you decide.와 같은 뜻의 표현이다.

A : I've decided to buy a stereo instead of that used car.
B : Whatever you say. It's your money.

> A : 저 중고차 대신 스테레오를 사기로 했어요.
> B : 네 마음대로 하렴. 네 돈이니까.

A : How about having dinner together after work?
B : Sounds great!
A : Shall we have Korean or American food?
B : Whatever you say.

> A : 일 끝나고 저녁 식사나 하는 게 어때?
> B : 좋고말고!
> A : 양식을 할까? 한식을 할까?
> B : 너 좋을 대로 해.

# 4 That a girl.

[ðæt] [ə] [gəːrl]

That a girl.은 영어를 좀 아는 사람이라면 문법적으로 틀렸다고 해서 That's a girl.이라고 정정해 주고 싶은 표현일 테지만 이것도 틀린 표현은 아니다. Attagirl!도 같은 뜻이며 '옳지! 잘했어! 좋았어! 힘내!' 등의 의미로 칭찬이나 격려 할 때 사용된다.

물론 girl에만 한정되지 않고, 남자라면 That a boy!나 Attaboy!도 똑같은 뜻으로 쓰인다. 이와 유사한 표현에 You did a good job.이 있는데 여기에서 job은 '공부, 요리' 등 어떤 일이나 행위도 포함하는 광범위하고 포괄적인 의미이다.

---

**Dialog 1**

A : I got an "A" in Korean history this semester.

B : That a girl!

A : 저 이번 학기에 한국사에서 A 학점을 받았어요.
B : 참 잘했구나!

**Dialog 2**

A : Dad, I'll devote my full time to studying from now on.

B : That a girl.

A : 아빠, 저는 지금부터 제 모든 시간을 공부하는 데만 쓰기로 했어요.
B : 거 참 잘했구나.

# 5 ⬛ You did it.

해냈구나!

[juː] [did] [it]

    You did it.은 상대방에게 칭찬을 하거나 축하할 때 쓰는 표현으로 '잘 했구나, 드디어 해냈구나'라는 감탄의 뉘앙스를 가지고 있다.

    이와 비슷한 뜻의 Well done.(잘했군.)도 자주 쓰이는 말이다. You did it. 뒤에 Good for you!가 따라오는 경우가 많은데, 이 표현은 친구 사이나 손아랫사람에 게 쓰는 격려의 말이라는 것도 알아두자. You did a good job.도 같은 의미로 사 용되고 있다. Make를 사용하여 You made it.이라고 해도 같은 의미이다.

---

**Dialog 1**

A : Dad, I finally finished my whole assignment.
B : **You did it.**

> A : 아빠, 제가 드디어 과제를 전부 마쳤어요.
> B : 잘했구나.

---

**Dialog 2**

A : I got accepted to med. school.
B : Fantastic! **You did it. Good for you!**
A : Yes, I made it.

> A : 저, 의과 대학에 합격했어요.
> B : 장하구나! 해냈어. 정말 잘 됐구나!
> A : 네, 제가 해냈어요.

# 6 You don't say.

 정말이야.

[juː] [dount] [sei]

You don't say.는 '말하지 않아도 그렇다'라는 뉘앙스를 담고 있는 표현이다. You said it.과 같은 뜻으로 사용된다. 비슷한 용법으로 That makes two of us.(나도 그래.)가 있으며, 이것들은 상대방의 말에 동조하거나 맞장구치는 데 유용한 표현들이다.

또 You don't say!가 감탄의 의미로 사용된 경우에는 '아, 그래?'라는 정도의 뜻이다. 상대방의 말에 놀라거나, 또는 그 이야기가 무척이나 재미있다는 듯, "당신 지금 진짜로 하는 소리야?"라는 느낌으로 쓴다. 그렇다고 상대방의 말을 의심하거나 부정하려는 의도는 들어 있지 않다. Oh really?를 강조한 표현으로 보면 된다.

 **Dialog 1**

A : I don't like people who are too proud.

B : You don't say.

A : 난 자존심이 너무 강한 사람은 싫어.
B : 나도 그래. (말해 무엇 하나.)

 **Dialog 2**

A : He graduated from college when he was sixteen.

B : You don't say! That's quite remarkable!

A : 그 사람은 16살에 대학을 졸업했어.
B : 그래? 그것 참 대단하군.

# So do I.

나도 그래.

[sou] [duː] [ai]

**어**떤 사람이 I like orange.라고 했을 때 그 말에 맞장구치며 '나도 그 래'라고 말하는 표현이 So do I.이다. 물론 I like orange, too.라고 대답할 수도 있으나 그렇게 같은 단어로는 반복하지 않고 So do I.또는 간단하게 Me, too.라 고 표현한다.

이 밖에 Likewise.(저도요.)라는 단어도 쓸 수 있다. 예를 들어 How nice to see you!(만나서 정말 반가워요!)라고 상대방이 말할 경우 이에 동조하는 표현으로 간 단히 Likewise.(저도요.)라고 말한다. 반대 표현으로는 Me neither., Neither do I., Not me. 등이 있다.

---

**Dialog 1**

A : I have to go home now.

B : So do I.

A : Take care.

> A : 나는 지금 집에 가야 해.
> B : 나도 그래.
> A : 잘 가.

---

**Dialog 2**

A : It's getting cloudy. I think it's going to rain.

B : So do I.

A : Don't you think we'd better go back?

B : I guess we'd better.

> A : 날씨가 점점 흐려지는데, 비가 오지 않았으면 좋겠어.
> B : 나도 그래.
> A : 돌아가는 게 좋지 않을까?
> B : 맞아, 그러는 게 좋을 것 같아.

# 8 If you insist.

 정 그러시다면.

[if] [ju:] [insíst]

If you insist.는 문자 그대로 해석하면 '만약 당신이 고집한다면'이지만 양보의 표현으로 '정 그러시다면 … 하겠다If you really want it'라는 뜻이다.

　상대방의 호의를 너무 완강하게 거절하는 것도 실례가 되기 때문에 상대방의 권유에 마지못해 양보를 할 때 If you insist.라고 한다.

**Dialog 1**

A : After you, please.

B : No, after you.

A : All right. If you insist.

A : 먼저 타시죠.
B : 아니, 먼저 타세요.
A : 좋아요, 정 그러시다면.

**Dialog 2**

A : Let's have a meeting this coming Monday?

B : What about Wednesday? Monday is too early.

A : If you insist.

A : 오는 월요일에 회의를 하는 게 어떨까요?
B : 수요일이 어때요? 월요일은 너무 빨라요.
A : 정 그러시다면. (그렇게 하죠.)

# 9 You name it.

뭐든지 말씀해 보세요.

[ju:] [neim] [it]

**여**기에서 name은 명사인 '이름을 말하다'라는 뜻이다. 미국의 한 식당에서 웨이터가 주문을 받으며 You name it and we've got it.(주문만 하시면 준비되어 있습니다.)라고 하니까 이 뜻을 알아듣지 못한 유학생이 My name is Lee.라고 대답했다는 웃지 못할 이야기를 들은 적이 있다. You name it.의 뜻은 '무엇이든 주문할 수 있으니 음식 이름만 대 보라'는 것이다.

What time shall we meet tomorrow?라고 묻는 사람에게 You name it.이라고 대답하면 "어느 때든 이야기만 하세요. 가능합니다"라는 뜻이 된다. 유사한 표현으로는 Whenever you say.가 있다.

**Dialog 1**

A : Lotte department store is huge!

B : I know. They have everything there.

A : Everything?

B : Sure. You name it, they got it.

> A : 롯데백화점은 정말 굉장하구나!
> B : 나도 알아. 여기는 없는 게 없어.
> A : 뭐든지 다 있다구.
> B : 그럼. 이름만 대 봐, 뭐든지 다 있지.

**Dialog 2**

A : My boss and I just don't see eye to eye on too many things.

B : What do you argue with him about?

A : You name it.

> A : 사장님과 나는 사사건건 의견이 잘 맞지 않아.
> B : 무슨 일에 의견이 안 맞는 거지?
> A : 이것저것 모두야.

# 10 Whatever it takes.

필요한 것은 뭐든지.

[hwatévə:r] [it] [teiks]

**여**기서 기본 동사 take는 '필요하다need, require'의 뜻이다. 동사 take
는 유창한 영어회화를 하기 위해서는 꼭 알아 두어야 할 필수 기본 동사이다. 그
다양한 용법을 잘 구사할 때 회화 실력은 급속하게 늘어난다.

한국 부모들의 자녀 교육에 대한 열의는 세계적으로 유명하다. 치맛바람이라는
부정적인 측면도 없지 않으나 그래도 한국의 교육이 세계적으로 인정받는 우리
경제 성장의 견인차 역할을 했음을 부인할 수 없다. 그야말로 한국의 부모들은 자
녀 교육을 위해서는 Whatever it takes.라고 말해도 좋을 듯하다.

Whatever it requires.나 Whatever it needs.도 같은 뜻이며 '어떤 대가를 치르
더라도 목적한 바를 달성하겠다'는 강력한 의지를 나타내는 표현이다.

---

**Dialog 1**

A: Universities are too expensive.
B: Yes, but we have to send our children to them.
A: Right. Whatever it takes.

> A: 대학 등록금이 너무 비싸.
> B: 그래요. 하지만 애들을 대학에 보내야만 해요.
> A: 맞아. 어떤 대가를 치르더라도 말이야.

**Dialog 2**

A : How's Korea University?
B : Very difficult for me.
A : You really have to study hard to pass the entrance exam.
B : Yes, but I'll do whatever it takes to pass.

> A : 고려대학교가 어때?
> B : 내가 들어가기는 상당히 어려워.
> A : 입학시험에 패스하자면 정말 열심히 노력해야겠지.
> B : 그래, 합격에 필요하다면 어떤 노력도 하겠어.

# 권고과 충고의
# 세 단어 표현

I'm telling you
It's about time
Read my lips
Pick it up
Let's take five
Hold your horses
Take your time
You heard me
Easy does it
Haste makes waste
Accidents will happen
Business is business

# 7 I'm telling you.

내 말 잘 들어요.

[aim] [télin] [ju:]

직역하면 '내가 너에게 이야기하고 있어'가 되는데, 자기가 이야기하고 있음을 강조한다는 것은 곧 상대방이 집중해서 잘 들어달라는 뜻이다. 상대방의 행동이 마음에 들지 않거나 주의, 경고를 하고 싶을 때 쓴다. 그냥 I tell you.(내가 너에게 말하는데.)라고 해도 같은 의미가 되나 진행형을 쓴 I'm telling you.쪽의 의미가 더 강하다. 이와 유사한 표현으로는 I'm warning you.(너에게 경고하는데.), Listen to what I say.(내 말 잘 들어.)가 있다.

---

A : I'm telling you. If I ever catch you with another woman, I'll leave you.

B : How can you say such a thing? You are the only woman in my life.

A : 분명히 말해 두겠는데, 만일 다른 여자와 있는 것이 발견되기만 하면 끝장이야.
B : 어떻게 그런 말을 할 수 있어? 네가 나에게는 유일한 여자인데.

---

A : Unless you're more careful with this car. I'm telling you, you won't be able to use it.

B : Okay, dad. I'll drive more carefully from now on.

A : 이 차를 좀 더 조심스럽게 몰지 않으면 다시는 이 차를 못 쓰게 할 거다.
B : 알았어요. 아빠. 다음부터는 더 조심해서 몰게요.

# 2 It's about time.

 진작 그랬어야 해.

[its] [əbáut] [taim]

**만**시지탄(晚時之歎)이란 말이 있다. 뒤늦었음을 안타까워하면서 탄식하는 것을 뜻하는 표현이다. 영어에서 이와 비슷한 표현은 It's about time.이다. 때늦은 감이 있지만 잘된 일이라는 뉘앙스를 준다.

나이 서른이 넘었는데도 결혼할 생각을 하지 않는 딸에게 답답한 어머니가 It's about time you got married.라고 했다면 "늦었지만 지금이라도 결혼해야 될 때야"라는 뜻이 된다. It's about time… 뒤에 오는 문장의 동사는 가정법이 되므로 반드시 과거형을 써야 한다. 이미 일어난 일을 두고 It's about time.이라고 하면 '진작 그랬어야 하는 건데'라는 후회의 뜻이 되지만, 아직 일어나지 않은 일을 두고 It's about time.이라고 하면 '이제는 … 할 때가 되었다'라는 말이 된다.

---

 Dialog 1

A : The Police have decided to reopen the case.

B : Really? It's about time.

A : 경찰이 그 사건 수사를 재개하기로 결정했대.
B : 그래? 진즉에 그랬어야지.

---

 Dialog 2

A : The landlord has raised our rent again.

B : He has ignored all our requests to repair the house.

A : I think we must stand up for our rights.

B : Right. It's about time (we did).

A : 집주인이 또 임대료를 올렸어.
B : 주인은 집수리를 해달라는 입주자들의 요구를 묵살했어.
A : 나는 우리 입주자가 우리 권익을 위해 들고 일어나야 한다고 생각해.
B : 맞아. 진작 그랬어야 해.

# **3** Read my lips.

이야기 잘 들어요.

[riːd] [mai] [lips]

Read one's lips.는 '누구누구의 입술을 읽는다'라는 뜻이다. 이 표현은
자기 의사를 강력하게 주장하고자 할 때 쓰는 말이다. '입술의 모양을 잘 보다'라
는 뜻인데, 사람의 입술을 통해 말이 나오므로 가장 직접적이고 강력한 자기 생각
을 표현하고자 할 때 Read my lips.라고 말한다. 다른 생각을 하지 말고 입술에서
나오는 말 그대로를 받아들이고 믿어 달라는 뜻이다.

**Dialog 1**

A : Dad, I want to marry Richard.

B : Read my lips. You cannot marry him. His father is an alcoholic
and he has no job.

> A : 아빠, 저 리차드와 결혼하고 싶어요.
> B : 너, 내 말 분명히 들어. 그 사람과는 결혼할 수 없으니까.
>     아버지가 알코올 중독자인 데다가 그 자는 직업도 없는 건달이야.

**Dialog 2**

A : Dad, please lend me the new car today.

B : Sorry, I told you before you can't borrow the new car.

A : But dad, I can't take my girlfriend on the bus, can I?

B : Read my lips. You can't have the car.

> A : 아빠, 오늘 새 차 좀 빌려주세요.
> B : 안됐지만 새 차는 빌려줄 수 없다고 벌써 말했잖니.
> A : 그렇지만 여자친구를 버스에 태우고 다닐 수는 없잖아요?
> B : 분명히 말하는데, 차는 빌려줄 수가 없다.

# 4 Pick it up.
좀 빨리 가자.

[pik] [it] [ʌp]

차를 타고 있는 상태에서 pick up이라고 말하면 '속력을 내다'라는 뜻이다. 그러나 pick up에는 여러 가지 뜻이 있다. 우선 우리말화된 느낌이 강한 '누구누구를 픽업하러 간다'라는 말에서는 '마중 나가다, 데리러 가다'의 뜻이고 I'll pick you at your place.는 '댁까지 모시러 가겠습니다'라는 의미가 담겨져 있다.

또 경기나 건강 등이 좋아지는 경우에도 pick up을 쓴다. The Korea economy is picking up.(한국 경제가 점점 나아지고 있다.), He has begun to pick up a little.(그의 병세는 조금씩 차도를 보인다.) 등으로 쓰이고 있다. 우연히 사람을 알게 된 경우에도 pick up을 쓴다. I pick her up at the dance party.라고 하면 '그녀를 댄스파티에서 알게 되었다'는 말이 된다.

---

**Dialog 1**

A : Pick it up, please.
B : I don't want to end up getting a ticket.

A : 제발 빨리 좀 가자.
B : 나는 교통 위반 딱지를 떼고 싶지 않아.

---

**Dialog 2**

A : Hey, driver. Pick it up, please.
B : I'm doing my best, sir.

A : 여보, 기사 양반, 빨리 좀 갑시다.
B : 선생님, 최선을 다하고 있습니다.

# 5 Let's take five.

잠깐만 쉽시다.

[lets] [teik] [faiv]

일을 계속 하다가 '우리 잠깐만 쉽시다'라고 제안할 때 Let's take 5 minutes break.라고 하는데, 이를 간단히 줄여 Let's take five.라고 표현한다. 그런데 미국에서는 이 같은 잠깐의 휴식시간 동안 커피를 마시는 게 보통이기 때문에 Let's take a coffee break.이라고 해도 같은 의미가 된다.

---

**Dialog 1**

A : We worked all day. Let's take five.
B : That's a good idea.

A : 하루 종일 일했어. 잠깐 쉬자.
B : 그거 좋은 생각이야.

---

**Dialog 2**

A : Oh, there's still an overwhelming amount of work to do.
B : There sure is.
A : Let's take five.
B : No, let's not. Otherwise we won't be able to get through this today.

A : 야, 아직도 일이 엄청나게 많이 남았네.
B : 정말 그래.
A : 좀 쉬었다 하는 게 어때?
B : 안 돼, 그냥 계속 하자고. 그렇지 않으면 오늘 중에 마칠 수 없을 거야.

# 6 Hold your horses. 진정하세요.

[hould] [juə:r] [hɔ:rsiz]

Hold your horses.를 직역하면 '당신의 말을 잡아라'이다. 즉 급히 앞으로 나가려는 말의 고삐를 잡아 저지한다는 뜻으로, 이 표현은 명령형으로 쓰인다. Hold your horses! Don't get in a hurry.(너무 서두르지 마. 천천히 해.)와 함께 쓰인다.

또한 순간적인 충동으로 성급하게 행동하는 사람에 대한 충고나 견제의 표현으로도 쓰인다. Now, just hold your horses. There is no need to lose your temper.는 "자, 자, 좀 참으세요. 그렇게 화낼 필요는 없잖아요"라는 뜻이다.

---

**Dialog 1**

A : Come on, Mary. Let's get going.

B : Oh, hold your horses.

A : 자, 메리야. 빨리 가자.
B : 아, 진정해. 그렇게 서두를 필요 없어.

---

**Dialog 2**

A : So did you say yes immediately to his proposal?

B : Hold your horses. I'll tell you the whole story.

A : 그래서 그의 청혼을 바로 승낙한 거야?
B : 잠깐만 기다려. 전체 이야기를 해줄 테니까.

# Take your time.

[teik] [juə:r] [taim]

직역하면 '당신의 시간을 잡으세요'이다. Time flies.(세월은 유수와 같다)라는 격언처럼 눈 깜짝할 사이에 지나가는 게 시간이다. 이 흘러가는 시간을 잡으라는 말은 곧 '서두르지 마라. 찬찬히 해라'라는 뜻이다.

우리나라 사람이 성격이 급하고 서두른다는 것은 세계적으로 유명하다. 김치, 고추장처럼 매운 음식을 많이 먹기 때문이라는 설도 있지만 어쨌거나 부실 공사로 인한 삼풍백화점 붕괴와 같은 인재(人災)의 나라로 세계적인 오명을 갖은 때도 있었다. 식당에 음식을 주문해 놓고 재촉하는 국민은 우리나라 사람밖에 없지 않을까 한다. Take time. 하는 지혜가 우리 민족에게 필요한 것 같다.

---

**Dialog 1**

A : Is this report urgent?

B : Take your time.

A : 이 보고서 급한 것인가요?
B : 천천히 하게.

---

**Dialog 2**

A : Until when do I have to finish this report?

B : Take your time.

A : You mean this not urgent?

B : Finish it within the week.

A : 언제까지 이 보고서를 끝내야 하나요?
B : 천천히 하게.
A : 그렇게 급하지는 않다는 건가요?
B : 이번 주까지만 끝내게나.

# 8 You heard me.

 내 말을 들었지?

[juː] [həːrd] [miː]

**직**역하면 '당신은 내 말을 들었다'이지만 그 속뜻은 '내 말을 알아 들었지? 그러니까 내 말대로 해'라는 뜻이다. 이와 유사한 표현에 You hear me.가 있는데 '내 말을 들어요'라는 뜻이다. 그러나 You heard someone.(or something). 형식으로 사용되는 이 표현은 사람뿐 아니라 직위, 직책 등을 포함한 여러 방법으로 사용된다. She is the boss. Do it! You heard her.는 '그 여자가 사장이잖아. 그녀의 지시대로 해!'라는 뜻이다.

 Dialog 1

A : You heard me, Jim.
B : No, I didn't.
A : Oh, you are too stubborn.

> A : 짐. 내 말을 들었지?
> B : 아니.
> A : 넌 참 고집불통이구나.

 Dialog 2

A : Take your umbrella, Betty.
B : It doesn't look like rain.
A : You heard me.
B : All right. If you insist.

> A : 베티야, 우산을 가지고 가거라.
> B : 비가 올 것 같지 않은데요.
> A : 내 말을 들으라니까.
> B : 알았어요. 정 그러시다면.

# **9** Easy does it.

조심해서 찬찬히 하라구.

[íːzi] [dʌz] [it]

Easy does it.은 어떤 일을 신중하게 하거나 천천히 하라고 지시할 때 쓰는 표현이다. 이 표현은 문법상으로 보면 전혀 맞지 않는다. 명령문인데 형용사인 easy가 서두에 나왔을 뿐 아니라 it이 주어인지 목적어인지 분명치 않다. 그러나 영어에는 문법에 맞지 않는 관용적인 표현들이 많이 있다. 습관적으로 쓰는 이런 표현들이 문법에 우선하고 있으니까 따지지 말고 그대로 쓸 수밖에 다른 도리가 없다. 언어나 말이 먼저 생겨났고 문법은 그 법칙을 찾기 위한 것이기 때문이다.

이와 유사한 표현에는 Take it easy., Take things easy.가 있다.

---

A : Help me out of bed, Mom. I feel cramped.

B : **Easy does it.** The doctor said you should take it easy for at least a week.

  A : 엄마, 나 침대에서 내려 줘요. 너무 갑갑해요.
  B : 가만히 있어. 의사 선생님께서 적어도 일주일은 안정을 취해야 한다고 하셨어.

---

A : I'm so angry with my manager.

B : So what are you going to do?

A : I'm going to tell him what's wrong with him.

B : **Easy does it.** You don't want to lose your job.

  A : 우리 지배인 때문에 화가 나 죽겠어.
  B : 그래서 어떻게 하려고?
  A : 그 사람에게 무엇이 잘못되었는지를 이야기해야겠어.
  B : 좀 진정해. 너, 모가지 달아나기를 바라는 건 아니겠지?

# 10 Haste makes waste.

[heist] [meiks] [weist]

급할수록 천천히 하라.

**위**의 속담을 직역하면 '서두르는 것은 낭비가 된다'이다. 그러나 마음이 조급해 일을 서두르면 시간을 버는 것이 아니라 실수를 유발해서 일을 다시 해야 하므로 오히려 시간이 더 걸린다는 의미다. 우리나라에는 '아무리 바빠도 바늘허리에 실 매어 못 쓴다'라는 속담이 있는데, 이는 바늘 귀에 실을 꿰어야지 바늘허리에 실을 매어서는 허사**waste**임을 말한 것이다.

이와 유사한 속담이 영어에도 무척이나 많다. More haste, less speed.(급할수록 천천히.), Make haste slowly.(천천히 서둘러라.), The longest way round is the shortest way home.(돌아서 가는 가장 먼 길이 가장 가까운 길이다.) 등이 대표적인 것들이다.

**Dialog 1**

A : I have to hurry.

B : Take your time. Haste makes waste.

> A : 빨리 서둘러야 할 것 같아.
> B : 천천히 해. 서두르다가는 일을 그르칠 수 있다구.

**Dialog 2**

A : When do you think your job will be completed, Ben?

B : I have to finish at the end of this week.

A : Take your time. Haste makes waste. Slow and steady wins the race.

> A : 벤, 언제 일이 끝날 것 같아?
> B : 이번 주말까지는 마쳐야 해.
> A : 서두르지 말라구. 급히 서두르다가는 일을 망칠 수 있어. 천천히 해도 확실하게 해야 해.

# 77 ■ Accidents will happen.

[ǽksidənts] [wil] [hǽpən]

사고나 불행은 우리 인간이 세상을 살아가면서 피할 수 없는 것이다. 단지 거기에 얼마나 현명하게 대처하느냐가 중요하다. 매사가 잘 되기만을 바라는 것은 우리네 인생살이에서 있을 수 없는 일이다. Accidents will happen.(사고란 일어나기 마련이다.)이란 표현은 흔히 사고나 불행을 겪고 있는 사람에 대한 위로의 말로 쓰이고 있다.

성경에 'Do not boast about tomorrow, for you do not know what a day may bring forth.(너는 내일 일을 자랑하지 마라. 왜냐하면 하루 동안 무슨 일이 일어날지 알 수 없기 때문이다)'라는 말씀이 있다.(잠언 27장 1절.) 다가오는 운명을 항상 겸허한 마음으로 받아들이면서 살아가는 생활의 지혜를 갖도록 권하는 성서의 가르침이다.

**Dialog 1**

A : Honey, we have no soup tonight. I tried to make a special soup for you, but I messed it up.

B : Don't worry. Accidents will happen.

A : 여보, 오늘은 수프가 없어요. 당신을 위해 특별한 수프를 만들다가 엉망이 되어 버렸지 뭐예요.
B : 걱정 말아요. 실수란 항상 있는 법인걸 뭐.

**Dialog 2**

A : Did you pass the entrance exam?

B : No, I failed. I don't know what to do at the moment.

A : Don't take it so hard. Accidents will happen. You can try it next year.

B : Thanks for your concern.

A : 입학시험에 합격했니?
B : 아니, 낙방이야. 어떻게 해야 할지 모르겠어.
A : 너무 그리 심각하게 생각하지 마. 한 번 실수는 병가지상사잖아. 내년에 다시 도전해 보는 거야.
B : 걱정해 줘서 고마워.

# 12 Business is business.

[bíznis] [iz] [bíznis]

계산은 계산이야.

한국에서는 보통 금전 문제에 대해 말하기를 꺼려하는 경향이 있는데 영미인의 시각에서 보면 잘 이해가 가지 않는 부분이다. 특히 한국 사람들에게서만 볼 수 있는 것이 술값 계산 때의 싸움이라고 한다. 친구나 거래처와 1차, 2차 술집을 옮겨 다니면서 나중에 계산서를 받으면 서로 자기가 내겠다고 고집을 피우는데, 이런 것은 우리나라 사람들만의 미덕(?) 아닌 미덕이다. 이럴 때 유용하게 쓸 수 있는 표현이 Let's split., Business is business.다.

A : You always pay the bill. This time it's mine.
B : But you are hard up for money these days.
A : Business is business, you know.

　　A : 네가 항상 계산하니까 이번에는 내가 할게.
　　B : 하지만 넌 요즘 돈에 쪼들리고 있잖아.
　　A : 그래도 계산은 분명해야 하는 거야.

A : What's the matter with you? You look down these days.
B : Nothing much. I owe you but I can't make money these days.
A : Don't worry about that. We're friends, right?
B : But business is business, you know.

　　A : 무슨 일이 있니? 요즘 기운이 없어 보여.
　　B : 별일 없어. 네게 빚지고 있잖아. 요즘은 돈 벌기가 참 힘들어.
　　A : 걱정하지 마. 우린 친구잖아.
　　B : 하지만 알다시피 계산은 계산이잖아.

CHAPTER

**3** Three word expressions

# 5

## 의문의
## 세 단어 표현

Where am I?
Where was I?
Will this do?
Is that clear?
What's good here?
Get the picture?
How much down?
Cash or charge?
Is credit available?
What's eating you?

# Where am I?

[hwɛəːr] [æm] [ai]

우리말식 사고로 "여기가 어딥니까"를 영역하면 Where is here?가 된다. 그러나 미국인들에게 그렇게 말하면 알아듣지 못한다. Where am I? 즉 "내가 어디에 있습니까?"라고 물어야 의사소통이 된다. 이것이 바로 동서양의 사고방식 차이로, 서양 사람들은 어디까지나 자기중심적이다. 자기중심적 의식 구조이기 때문에 항상 자기가 들어가야만 직성이 풀린다고나 할까? 물론 여럿이 있을 때는 Where are we?가 된다.

그런데 Where was I?라고 과거형이 되면 그 뜻은 전혀 달라진다. 이 말은 책이나 잡지를 읽다가 덮어 놓은 뒤, 나중에 '내가 어디까지 읽었지?'라고 말할 때 쓴다.

---

 **Dialog 1**

A : Where am I, sir? I'm a stranger here.

B : This is Myung-Dong.

> A : 여기가 어디죠 선생님? 저는 여기가 처음이라서요.
> B : 명동이에요.

---

 **Dialog 2**

A : Where am I now?

B : You are at Seoul Station.

A : Where is City Hall?

B : Next station.

> A : 지금 여기가 어디예요?
> B : 서울역이에요.
> A : 시청은 어디입니까?
> B : 다음 역이에요.

---

# 2 Where was I?

내가 어디까지 말했지?

[hwɛəːr] [wəz] [ai]

상대방과의 대화 도중에 화제가 다른 데로 흘렀다가 다시 본래의 화제로 되돌아왔을 때 쓰는 표현이다. 직역하면 '내가 어디에 있었지?'가 되지만 그런 뜻으로 쓰이는 경우는 없다. 우리 식으로 이야기하자면 Let me see, to what point was I talking?이라고 해야 할 것 같지만 그렇게 말하는 사람은 아무도 없다.

말할 때뿐만 아니라 수업 도중 다른 화제로 흘렀다가 다시 본론으로 돌아왔을 때처럼 어떤 동작이 변환되는 상황에서도 사용되는 표현이다.

---

A : And then… Where was I?
B : You said something about you went skiing last Sunday.
A : Oh, yes. It was really exciting.

> A : 그런데… 내가 어디까지 이야기했지?
> B : 지난 일요일 스키 타러 간 것에 대해서.
> A : 아, 그렇지. 정말 신났었어.

---

A : Let me see, Where were we?
B : We were on page 80.
A : Let's do it over from page 70. It's a very important part.
B : It's a very difficult part, too.

> A : 가만 있자, 우리 어디까지 했지요?
> B : 80페이지요.
> A : 70페이지부터 다시 복습합시다. 아주 중요한 부분이니까.
> B : 아주 어려운 부분이기도 해요.

# 3 Will this do? 이것도 괜찮아요?

[wil] [ðis] [duː]

**다**른 기본 동사와 마찬가지로 do 동사에도 많은 의미가 있는데, 그중에 '괜찮다, 적합하다, 알맞다suitable, be fitting, satisfactory or convenient, enough' 란 뜻으로 많이 쓰인다. 즉 목적의 달성 또는 필요의 충족을 나타낼 때 do 동사로 대신할 수 있다.

미국에서는 자기 집이나 사무실에 찾아온 손님에게 으레 Care for some coffee or tea?(커피나 홍차 한잔 하시겠어요?)라고 묻는다. 이런 경우 무엇을 달라고 해야 좋을지 몰라 망설여질 때 쓸 수 있는 표현이 do를 이용한 Either will do.(아무거나 좋습니다.)이다.

 Dialog 1
A : Which would you prefer, beer or Korean soju?
B : Either will do.

A : 맥주와 소주 중 어느 것을 드시겠어요?
B : 아무거나 좋아요.

 Dialog 2
A : Would you give me a piece of paper?
B : What for?
A : I want to write a letter to my dad.
B : I've got typing paper. Will this do?

A : 종이 한 장 있으면 줄래?
B : 뭐 하게?
A : 아빠한테 편지 쓰려고.
B : 타이프 용지가 있는데 이거면 되겠어?

# 4 Is that clear?  알아들었어?

[iz] [ðæt] [kliər]

Clear는 '맑고 투명한, 깨끗한, 소리가 또렷한' 등의 의미로 많이 쓰이지만 구어 영어에서는 '의미가 분명한easily understand'이라는 뜻으로 사용된다.

'알아들었어?'라고 말할 때 Do you understand?라고 할 수도 있지만 미국인들은 Is that clear (to you)?라는 표현을 더 많이 쓴다.

'내 말을 알아듣겠어?'라고 말할 경우에는 Do I have myself clear?라고 표현하면 된다.

---

A : You're going to sit right here and finish that homework.
  Is that clear?
B : Yes, dad.

> A : 바로 여기 앉아서 저 숙제를 다 끝내야 한다. 알아듣겠니?
> B : 네, 아빠.

A : Am I clear, Miss?
B : Crystal clear.
A : Be careful.
B : I'll be extra careful.

> A : 아가씨, 내 말 분명히 알아들었어요?
> B : 확실히 알았어요.
> A : 주의하세요.
> B : 각별히 주의하겠습니다.

---

# 5 What's good here?

[hwats] [gud] [hiər]

여기서는 무엇을 잘하죠?

**잘** 모르는 식당에서 아주 편리하게 쓸 수 있는 표현이다. What is the good food in this restaurant?(이 식당에서 잘하는 음식이 무엇이죠?)라는 말이 줄어서 된 말이다.

특히 해외여행을 하면서 그 나라의 음식을 잘 모르는 경우에는 웨이터가 May I take your order?(무얼 드시겠습니까?)라고 물어오면 난감할 때가 많다. 모르는 음식을 잘못 주문했다가는 먹지도 못하고 그냥 나오는 수도 있기 때문이다. 특히 요리의 메뉴가 다양한 이탈리아나 중국 음식의 경우 그럴 가능성이 높다. 이럴 때에는 웨이터에게 한국 사람이 잘 먹는 메뉴로 짜 달라고 부탁하는 것도 한 방법이다.

---

A : May I take your order?

B : Menu, please. What's good here?

> A : 주문하시겠어요?
> B : 메뉴 좀 주세요. 여기서는 무엇을 잘하죠?

---

A : What would you have?

B : Well, What's good here?

A : Chinese Pepper Steak. Have you ever tried it?

B : No, what kind of dish is it?

A : It's grilled meat with some vegetables.

> A : 뭘 드시겠습니까?
> B : 저, 여기에서 잘하는 것이 뭔가요?
> A : 중국식 후추 스테이크가 좋습니다. 드셔 보셨습니까?
> B : 아뇨, 어떤 음식이죠?
> A : 약간의 야채와 함께 구운 고기입니다.

---

# 6 Get the picture?

[get] [ðə] [píktʃər]

Get the picture?는 Do you get the picture?가 줄어서 된 표현으로, 가끔 회화상에서는 do you로 시작되는 문장의 do you 부분을 생략하여 쓰고 있다. 우리가 일반적으로 '그림' 정도로 알고 있는 picture에도 여러 가지 뜻이 있다. Get the picture?에서의 의미는 '윤곽, 전체적 내용, 전모outline, general description'이다.

It is hard to form a true picture of condition in North Korea.는 '아직도 북한의 실상을 파악하기 무척 힘이 든다'라는 말이다. 이 밖에 picture에는 '그림처럼 아름다운'이란 비유적인 의미도 있다. She was a perfect picture.라고 하면 '그녀의 아름다움은 거의 완벽했다'라는 뜻이 된다.

A : Get the picture?
B : Yes, I know exactly what you mean.

> A : 대충 윤곽이 잡히세요?
> B : 네, 확실히 알 것 같아요.

A : Get the picture?
B : No, explain it to me again.

> A : 무슨 말인지 아시겠어요?
> B : 아니요. 다시 한 번 설명해 주세요.

# How much down?

먼저 현금을 얼마나 내야 합니까?

Down에는 '현금으로in cash ; as immediate payment' 라는 뜻이 있다. 그래서 I pay 20 dollars down and the rest later.라고 하면 '현금으로 20달러를 내고 나머지는 나중에 지불하겠습니다'라는 말이 된다. 계약을 할 때 쓰는 down payment라는 단어가 있는데, 이는 계약금이나 할부금의 첫 지불액을 뜻한다. 미국에서는 자동차를 살 때 일정 금액의 down payment를 지불한 뒤, 나머지 금액은 monthly payment(월부금)로 3년 이상 매달 갚아 가는 것이 관례처럼 되어 있다. 그러나 중고차를 살 경우에는 lump sum payment(일시불)로 하는 경우가 많다.

물건 가격 전액을 매달 installment로 갚아 나가는 방법도 있지만 일반적으로는 down payment 조로 먼저 현금을 내는 일이 많다. 이럴 경우 '먼저 현금을 얼마 내느냐'라고 묻는 표현이 How much down? 또는 How much do I put down?이다.

A : **How much down?**
B : **You put down 10 percent and the remaining will be spread out in 24 monthly payments.**
A : **What's the interest rate?**
B : **Just 10 percent per year.**

> A : 선금으로 얼마를 지불해야 합니까?
> B : 10퍼센트를 현금으로 내시고 나머지는 24개월 카드로 분할 상환하시면 됩니다.
> A : 할부 이자는 얼마지요?
> B : 연 10%입니다.

# 8 Cash or charge?

[kæʃ] [ɔːr] [ʧaːrdʒ]

현금, 카드 어느 쪽으로 지불하시겠어요?

**이** 말은 Will you pay cash or charge it? (현금이세요, 카드세요?)가 줄어서 된 표현으로 상점이나 음식점 등에서 계산할 때면 으레껏 물어오는 말이다. Cash(현금)는 cash payment(현금 지불)의 줄임말이다. Charge에는 '요금, 대금price, cost, expense'의 뜻과 '빚debt'의 뜻이 있는데, 여기서는 카드 지불payment by card을 뜻한다. 카드 지불 자체가 나중에 대금을 지불하는 것이므로 빚의 개념이라고 보면 이해하기 쉬울 것이다.

신용카드가 플라스틱으로 제작되었다는 데서 plastic money라고 부르기도 한다. 요즘은 신용카드로 지불하는 것이 일반화되어 있지만 수표personal check로 지불할 거냐고 물을 때는 Cash or check?라고 말한다.

---

**Dialog 1**

A : Do you need anything else?
B : No. That's all.
A : Cash or charge?
B : Cash.

A : 더 필요한 것 있으세요?
B : 아뇨. 됐습니다.
A : 현금으로 하실 겁니까, 카드로 하실 겁니까?
B : 현금으로 지불하겠습니다.

# 9 Is credit available? 할부로 살수 있나요?

[íz] [krédit] [əvéiləbl]

Credit은 credit card(신용카드)란 단어에서 볼 수 있는 것처럼 '신용 trust'이라는 뜻이다. 경제 용어로 사용되면서부터 '외상, 대출loan, 할부installment'를 의미하게 되었다. No credit is given at this shop.은 '외상 사절'이라는 뜻이다. 우리가 credit card를 내면 할부로 쉽게 살 수 있으므로 Is credit available?은 Can I have installment pay?라는 의미가 된다.

할부라는 의미로 credit 대신 financing이나 terms를 사용해서 Is financing available? 또는 Are terms available?이라고 해도 같은 뜻이 된다. 미국의 신문 광고를 보면 Easy terms, Easy financing, Easy credit.이라는 광고 문구가 실린 것을 흔히 볼 수 있는데, 이것들은 전부 '쉽게 할부로 살 수 있다'는 광고이다.

**Dialog 1**

A : How much is this car?
B : 6,000 dollars plus tax.
A : Is monthly credit available?
B : Of course.

> A : 이 차 가격이 얼마지요?
> B : 세금 포함해서 6,000달러입니다.
> A : 할부로 가능합니까?
> B : 물론이죠.

# 10 What's eating you?

[hwʌts] [íːtiŋ] [juː]

모기나 벌레 따위에게 물려서 괴로울 때, 미국인들은 What's biting you?라고 말하는데 그 뜻은 '무엇 때문에 그렇게 괴로워하느냐.'이다. ① What's eating you? ② What's biting you? ③ What's troubling you? ④ What's bothering you? 등 표현도 모두 같은 의미이다. 이 밖에도 재미있는 다른 표현이 있다. 빈대, 벼룩 등의 벌레를 칭한 단어 bug를 사용한 What's bugging you?가 그것이다. 명사를 동사화해서 쓰기 좋아하는 영미인들은 '사람을 못살게 구는 벌레 같은 존재'라는 단어를 동사화해서 '귀찮게 굴다, 성가시게 만들다'로 표현한다.

**Dialog 1**

A : You look depressed. What's eating you?

B : I just broke up with my girl friend.

A : 기운이 없어 보여. 무슨 걱정거리라도 있니?
B : 방금 여자친구와 헤어졌어.

**Dialog 2**

A : How about a movie tonight?

B : No, I just want to stay home alone.

A : Why? What's eating you?

B : Oh, I just failed my English test.

A : 오늘 저녁에 영화 보러 안 갈래?
B : 아니, 그냥 혼자 있을래.
A : 왜? 무슨 일 있어?
B : 응, 오늘 영어 시험이 엉망진창이야.

# 6

## 기타의
## 세 단어 표현

I've been there
That reminds me
I'm just looking
It made headlines
Just a tad
I taught myself
I'm pushing fifty
I'm thirty something
I'm all ears
She's really something

# I've been there.

이미 경험한 바야.

[aiv] [bin] [ðɛəːr]

직역하면 '나는 이미 그곳에 간 적이 있다'가 된다. 그러나 어떤 특정한 질문을 받았을 때 '나는 이미 그것을 경험했다'라고 말하고 싶을 경우 이 표현을 쓴다. 즉 I already experienced it.이라는 의미이다. 이 말은 자신도 경험을 통해 잘 알고 있기 때문에 이해할 수 있다는 뜻으로, 대개 어려운 일과 관련지어 말한다. I know what you mean. I've been there (before).는 '무슨 말인지 알겠어. 나도 경험해 봤으니까'라는 뜻이다. 미국의 유명한 패션모델이었던 Christie Blinkley가 남편과 헤어지면서 이혼 합의서에 다음과 같이 쓴 말은 무척이나 유명하다. We've been there to support each other during critical times and expect to be there for each other in the future.(우리는 어려운 시기에 서로를 이해하며 도왔고, 또 앞으로도 서로의 어려움을 돕기를 희망한다.)

**Dialog 1**

A : These employment interviews are very tiring.

B : I've been there. I know!

　A : 이 채용 인터뷰는 정말 힘들었어.
　B : 나도 해 봤기 때문에 잘 알지(그 어려움을).

**Dialog 2**

A : I got divorced 3 months ago. I thought my life would be simpler and easier. But it's harder than I thought.

B : Things will straighten out.

A : How do you know? I feel like I'll never get out of the pain.

B : Trust me. I've been there.

　A : 3개월 전에 이혼했어. 사는 게 훨씬 간단하고 쉬워질 줄 알았는데 생각보다 힘들어.
　B : 모든 게 나아질거야.
　A : 좋아질지 어떻게 알아? 이 고통에서 다시는 일어날 수 없을 것 같아.
　B : 나도 이미 경험했으니까 잘 알지.

# 2 That reminds me.

[ðæt] [rimáindz] [mi:]

잊고 있던 일이 문득 생각났을 때 '아차, 깜빡했군' 하고 다시 기억해 낸 것을 기뻐하며 안도하는 경우에 쓰는 표현이다. Remind는 '…을 생각나게 해 주다 cause someone to remember'라는 뜻이므로 That reminds me.는 '그것이 나에게 …을 상기시켜 주었다'라는 뜻이 된다.

친구에게 전해 줄 편지를 가져왔다가 다른 이야기를 하다가, 용무를 깜빡 잊어버리고 말았다. 그런데 막 헤어지려는 순간 문득 전해 줄 편지가 생각났다. 이럴 때 Oh, that reminds me. There is a letter for you.(아참, 깜빡 잊고 있었네. 너한테 편지가 왔어.)라고 하면 상당한 수준의 영어 실력자라는 칭찬도 받게 될 것이다.

---

**Dialog 1**

A : Oh, that reminds me.

B : What?

A : Here is a gift for your parents.

> A : 아참, 깜빡 잊을 뻔했군.
> B : 뭘?
> A : 너희 부모님께 드릴 선물이 있어.

**Dialog 2**

A : That reminds me. I have to go back.

B : What's wrong?

A : I left the door unlocked.

> A : 아차, 깜빡 잊을 뻔했군. 되돌아가야겠어.
> B : 뭐가 잘못됐어?
> A : 문을 안 잠그고 나왔어.

❻ 기타의 세 단어 표현  | 292 | 293 |

# 3 I'm just looking. 그냥 구경하고 있어요.

[aim] [dʒʌst] [lúkiŋ]

상점 안에 들어가면 우선 점원이 May I help you?라며 다가온다. 그러나 물건을 좀 둘러보아야 할 경우나 그냥 구경만 하고 싶을 때가 있다. 그럴 때에는 No, thank you. I'm just looking.이라고 하면 된다. 반대로 물건을 사고 싶어도 점원이 보이지 않거나 이쪽으로 눈길을 주지 않을 때에는 Excuse me!라고 큰 소리로 부른다.

이와 유사한 표현에는 I'm just browsing.이 있다. 참고로 우리말화되어 쓰고 있는 eye-shopping은 한국식 konglish 영어이며, 올바른 표현은 window shopping이다.

---

A : Do you want to buy something?

B : No, I'm just looking.

> A : 쇼핑하려고?
> B : 아니, 그냥 구경만 하는 거야.

A : May I help you?

B : No, thank you. I'm just browsing(or looking).

A : Take your time. We have lots more upstairs.

B : Oh, you do? You certainly have a large selection in this store.

> A : 뭘 도와드릴까요?
> B : 아뇨, 그냥 구경하고 있어요.
> A : 천천히 보세요. 위층에 더 많은 상품이 있어요.
> B : 아, 그래요? 이 가게에는 참 상품이 다양하군요.

# 4 It made headlines. | 중대 뉴스가 되었어요.

[it] [meid] [hédlàin]

Headline은 신문의 큰 제목으로 보도되는 뉴스를 말한다. 따라서 중대 뉴스나 특종 기사를 가리킨다. CNN 뉴스를 들어보면 처음에 Headline news are…로 시작하여 그날의 주요 뉴스 내용이 보도된다. 우선 그날의 주요한 기사 내용부터 알려주면서 전체 뉴스를 보도하는 것이다.

그래서 It made headlines.라고 하면 '주요 소식이 되었어요'라는 의미가 된다.

A : What's today's headlines?
B : The collapse of a department store.

A : 오늘 주요 뉴스가 뭐니?
B : 백화점 붕괴 사건이야.

A : Did you hear about the death of Sean Connery?
B : Yes, it made headlines.
A : How did it happen so suddenly?
B : I have no idea.

A : 숀 코너리 사망 소식을 들었니?
B : 그래. 신문에 크게 났더군.
A : 왜 갑자기 사망을 했대?
B : 잘 모르겠어.

# 5 Just a tad.

조금만 주세요.

[dʒʌst] [ə] [tæd]

Tad는 tadpole(올챙이)의 축약형으로 '어린아이, 소년'이라는 뜻을 갖는다. Just a tad.는 a little과 마찬가지로 '아주 조금, 근소한' 이란 뜻인데, 이것은 올챙이의 크기가 작은 데서 연유한다.

Tad는 구어체에서, 그것도 허물없는 사이나 가벼운 회화에서 쓰이는 말이다. 문어체에서는 a little을 사용한다.

A : Would you like some more sugar?

B : Just a tad.

> A : 설탕 좀 드릴까요?
> B : 조금만 주세요.

A : Would you like some more punch?

B : No, thank you.

A : Ah, come on. It's delicious.

B : Yes. It's very good, but⋯.

A : Come on, have another cup.

B : Oh, all right, but just a tad.

> A : 펀치 좀 더 드실래요?
> B : 아뇨, 괜찮아요.
> A : 맛이 있는데 좀 더 드시지요.
> B : 맛은 있어요. 하지만…
> A : 그러지 마시고 한 잔 더 해보세요.
> B : 그럼 좋아요. 조금만 더 주세요.

# 6 I taught myself.

독학으로 배웠어요.

[ai] [tɔːt] [maisélf]

'**내**가 나를 가르쳤다'라고 해석되는 이 말은 결국 '혼자 배우다, 독학하다'라는 뜻이다. 아주 쉬운 표현인데도 막상 입에서 쉽게 나오지 않는 말이다. I'm self-taught.도 같은 뜻이다. Self-taught는 '스스로 가르친'이므로 '독학'이라는 뜻이 된다. 물론 I'm studying Japanese without a teacher.이라고 풀어서 말해도 같은 뜻이 되겠지만 비경제적이고 함축성이 결여된 표현이다.

I learned on my own.이나 I learned by myself.도 같은 뜻의 말이나 I taught myself.가 가장 쉽고 간단한 세 단어 표현이다.

A : You have a good hold on Japanese. Where did you learn it?
B : I taught myself.

A : 일본어를 잘 하시는군요. 어디에서 배웠습니까?
B : 독학했어요.

A : How did you learn to speak English so well?
B : I taught myself. I studied by myself with a video tape.
A : Would you teach me English conversation every other day?
B : Anytime. Let's start right now.

A : 어떻게 영어를 그렇게 유창하게 하세요?
B : 혼자 배웠어요. 비디오테이프로 독학했어요.
A : 이틀에 한 번씩 제게 영어를 좀 가르쳐 주시겠어요?
B : 좋아요. 당장 시작하죠.

# 7 I'm pushing fifty.

50이 다 되어갑니다.

[aim] [púʃiŋ] [fifti]

Push를 보통 '떠밀다move in a specified way by pressing'로 알고 있지만 구어 영어에서는 '나이가…에 가깝다be close to, esp. in age'는 뜻으로 사용되고 있다. I'm nearing 50.와 같은 의미이다. 어떤 사람이 팔 굽혀 펴기인 push-up을 50번 하는 것으로 잘못 이해했다는 이야기를 들은 적이 있는데 그것과는 전혀 상관없는 말이다.

이밖에 나이를 표시하는 표현에는 여러 종류가 있는데, I'm thirty something. 은 '서른 몇 살, 서른쯤 되었다'는 뜻이다. 또한 나이를 나타내는 숫자 끝에 -ish를 붙여도 '…쯤'이라는 뜻이 된다. 따라서 I'm thirtish.는 '나는 30대입니다. 서른쯤 되었습니다'라는 말이다.

**Dialog 1**

A : How old are you?
B : I'm pushing fifty.
A : You look younger than your age.

A : 연세가 어떻게 되세요?
B : 50이 가까워요.
A : 나이보다 젊어 보이시는데요.

**Dialog 2**

A : May I ask how old you are?
B : I'm pushing 50. How about you?
A : I'm seventy something.
B : No kidding. You don't look it.

A : 나이가 어떻게 되시오?
B : 50이 다 되어 갑니다. 그쪽은 연세가 어떻게 되시는데요?
A : 나는 70대 노인이오.
B : 농담이시겠죠. 그렇게 보이지 않는데요.

# 8 I'm thirty something.

[aim] [θɔ́ːrti] [sʌ́mθiŋ]

*서른 몇 살쯤 돼요.*

**나**이를 정확하게 밝히기 싫은 경우, 유용하게 쓸 수 있는 표현은 나이 뒤에 something을 붙이는 방법이다. Something은 분명치 않은 금액이나 시간 등에 붙여 '대충 얼마의, 얼마 가량의'라는 뜻으로 여러 상황에서 쓰이고 있다.

I got up at six something.은 "나는 6시 몇 분인가에 일어났다"라는 말이고 John something은 '존 아무개'라는 뜻이다.

---

A : While you were out, a pretty young lady came to see you.

B : A young lady?

A : She looked twentyish and she was wearing a reddish dress.

> A : 외출하신 동안 어떤 젊은 여자가 찾아왔었어요.
> B : 젊은 여자?
> A : 20대 여자인데 빨간색 드레스를 입고 있었어요.

A : May I ask how old you are?

B : I'm thirty something.

A : Really? You don't look it.

B : Thank you.

> A : 나이가 어떻게 되시는지요?
> B : 서른 몇 살쯤 돼요.
> A : 정말이요? 그렇게 보이지 않는데요.
> B : 고마워요.

# 9 I'm all ears. 잘 들어 볼게.

[aim] [ɔ:l] [iərs]

직역하면 '나는 전부 귀가 되어 있다.'라고 해야 할 이 표현은 '귀를 크게 해서 주의 깊게 듣는다'라는 뜻이다. 누군가가 이야기를 하려고 할 때 '잘 들을 테니까 어서 말해 봐'라고 말하고 싶으면 Go ahead with your story. I'm all ears.라고 한다. 여기에서 all ears란 very eager to here의 뜻이다.

이와 같이 'all+명사'의 형태에서 all은 '강조'의 의미를 지니고 있다. 예를 들어 He has all smiles.는 얼굴 전체가 웃음으로 가득 찬 상태로, '대단히 기뻐하고 있다'는 말이 된다.

A : I'm having some problem with my husband.

B : You can talk to me. I'm all ears.

A : 난 남편하고 문제가 좀 있어.
B : 나한테 이야기해. 잘 들을 테니까.

A : Psst. Come here.

B : What's up?

A : Sit down. You've got to hear this.

B : Okay. I'm all ears.

A : 이봐. 잠깐 이리 와봐.
B : 무슨 일인데?
A : 앉아 봐. 꼭 들어야 될 소식이니까.
B : 좋아. 잘 들을 테니 어서 말해봐.

# 101 She's really something.

[ʃiːz] [ríː-əli] [sʌ́mθiŋ]

그녀는 정말 대단한 여자야.

Something은 구어 영어에서 '아주 중요한 사람이나 물건'을 나타낸다. He thinks himself something.은 "그는 자신을 대단한 사람이라고 생각한다"는 뜻이며 He is something in the company.는 '그는 회사의 대단한 지위에 있다' 라는 뜻이다.

상대방이 당신을 보고 You're really something.이라고 말했다면 '인격적으로 또는 능력이나 개인적으로 대단히 높게 평가한다'는 말이다. 그런데 이 표현은 말하는 어조에 따라 부정적인 의미, 즉 상대방을 비꼬는 말로 사용될 수도 있으니 주의해야 한다.

**Dialog 1**

A : She got the first prize in the Song Festival in Japan.

B : Yeah, She's really something. Last year she got the grand prix in the Hong Kong Song Festival.

A : 그녀가 일본 가요제에서 1등을 했대.
B : 정말 대단한 여자야. 작년 홍콩 가요제에서도 대상을 탔거든.

**Dialog 2**

A : What do you think of Miss. Jang?

B : I think she is really something.

A : Me, too. She really is.

B : Hmmm… sounds like you might be falling for her.

A : 미스 장을 어떻게 생각해?
B : 그녀는 대단한 여자 같아.
A : 나도 그렇게 생각해. 정말 대단한 여자야.
B : 음… 너 미스 장에게 홀딱 반했구나.

*...So ...yes ...self?*

*...ied?*

*No Problem*  *weat*

| | | |
|---|---|---|
| | Check | Time! |
| | Amen | Right? |
| Fine | True | Satisfied? |
| Absolutely | Correct | Up? |
| Definitely, Certainly | Right | I bet |
| Almost | Hi! | You bet |
| Partially | Morning | No sweat |
| Positive | Sorry! | No problem |
| Affirmative | Sorry? | Why not? |
| Gotcha! | Again | Not bad |
| Probably | Er…, Uh… | Can't complain |
| Possibly | Please | I'll survive |
| Hopefully | Anything | Oh, yes |
| Naturally | Pardon? | Kind of |
| Deal | Congratulations! | Got it |
| Okay | Sir? | What else? |
| Whatever | Say | Love it! |
| Ditto! | Thanks | Never better |
| Depends | What? | No doubt |
| Maybe | Well | Could be |
| Uh-uh | Heavens! | No way! |
| Perhaps | Oops! | Fat chance |
| Impossible | Shoot! | Forget it |
| Never | Boy! | Not me |
| So-so | My! | Nothing much |
| Negative | Aw! | You're joking |
| Hardly | Dear! | Not really |
| Terrible! | Blah! | Search me |
| So? | Righteous! | Not again! |
| Nothing | Awesome! | No deal |
| Wrong | Hey! | You couldn't |
| Great! | Terrific! | We're history |
| Sure | Incredible! | Heaven(s) no! |
| Attaboy | Fabulous! | Afraid not |
| Exactly | Beautiful! | That's it |
| Anytime | Speaking | That figures |
| Magnificent! | Yourself? | Of course |
| Gorgeous! | Frankly | With pleasure |
| Cheers! | Come | My pleasure |
| Bingo! | Freeze! | Good job |
| Likewise | Period! | Me, too |

# One or Two Word Expressions

| | | |
|---|---|---|
| You, too | Doing okay? | Way to go |
| No wonder | Anything else? | Whatever you say |
| Same here | Any questions? | That a girl |
| Touch down! | Says who? | You did it |
| Right on | So early? | You don't say |
| Nice job | Who cares? | So do I |
| It's you | Hold it! | If you insist |
| Come on | Time's up | You name it |
| You know··· | Say uncle | Whatever it takes |
| Bless you | Just about! | I'm telling you |
| Don't bother | Good luck | It's about time |
| What's new? | Just checking | Read my lips |
| Allow me | Says me! | Pick it up |
| After you | I'm stuffed | Let's take five |
| I'm sorry | You're excused | Hold your horses |
| You first | It's do-or-die | Take your time |
| Have fun! | Money talks | You heard me |
| Thank goodness | What (a) nerve | Easy does it |
| Hang on | I'm with you | Haste makes waste |
| Help yourself! | Either will do | Accidents will happen |
| So long | It's a deal | Business is business |
| Take care | It's a date | Where am I? |
| Grow up! | Now you're talking | Where was I? |
| Think twice | I can tell | Will this do? |
| Chill out | I mean it | Is that clear? |
| Buzz off | You're almost there | What's good here? |
| Watch out! | No big deal | Get the picture? |
| Say when | Still going strong | How much down? |
| Be punctual! | Yes and no | Cash or charge? |
| Stick around | That's a no-no | Is credit available? |
| Go ahead | No, not very (really) | What's eating you? |
| Never mind | You got me | I've been there |
| Don't panic | Not so hot | That reminds me |
| Eat up | God only knows | I'm just looking |
| Cut short | It won't work | It made headlines |
| Guess what? | That does it | Just a tad |
| Like what? | Turns me off | I taught myself |
| Regarding what? | Not the slightest | I'm pushing fifty |
| How come? | It's probably nothing | I'm thirty something |
| Where to? | You're too much | I'm all ears |
| What for? | You said it | She's really something |